# Romantischer
# HARZ

**Inclusive Panorama- und aktueller Hexenstiegkarte**

*Inhaltsverzeichnis* *Contents* *Contenu*

## *Farbbild-Reise durch den HARZ*

Es ist wie mit der Mode: Die von gestern gilt nichts und die von vorgestern ist schon wieder die schönste. Jetzt kommen sie wieder, die Wanderer mit den ledernen Kniebundhosen und roten Strümpfen, den schweren Schuhen und den Stöcken. Die alles gesehen zu haben glaubten, zwischen der chinesischen Mauer und den Karibischen Inseln. Im Herbst stehen sie sich im engen Bodetal im Weg, suchen auf der Rosstrappe nach dem berühmten Hufabdruck, den das Pferd der schönen Brunhilde hinterließ, als es zum Sprung ansetzte, der sie vor dem wilden Bodo retten sollte. Er wurde, wie man aus der Sage weiß, in einen schwarzen Hund verwandelt, der nun das Tal bewachen muss – das schönste Tal im Harz. Jahrmillionen hat der schäumende Fluss gebraucht, um sich seinen schmalen Weg durch Hornfels und Granit zu graben – und nun schenkt man ihm endlich Beachtung.

Als das Reisen noch eine gemächliche Beschäftigung war, Meer und Alpen für ebenso gefährlich wie unwirtlich galten, waren die deutschen Mittelgebirge der berühmten Wanderer Sehnsuchtsziele. Keine 200 Jahre ist das her. Heinrich Heine dichtete 1824: „Auf die Berge will ich steigen, wo die frommen Hütten stehen, wo die Brust sich frei erschließt und die freien Lüfte wehen." Diese Berge standen im Harz, der mit seinem höchsten Gipfel, dem 1142 Meter hohen Brocken, nun wieder ein gesamtdeutscher ist. Die Euphorie der ersten Nachwendebesteigung am 3. Dezember 1989, als Tausende von Menschen aus Ost und West zum Gipfel eilten, hat nur wenig nachgelassen: Jahr um Jahr kommen Millionen, manche immer wieder. Mit isländischer Kälte und der Koketterie eines Vielbesungenen verhüllt sich der Berg an die 300 Tage im Jahr in Wolken. Wer seinen Wandertag beginnt, weiß nicht, was ihn oben erwarten wird.

## *Pictorial tour through the HARZ*

It's the same with fashion: Yesterday's is worthless, and, before you know it, the fashion of the day before yesterday is once again the most beautiful one. The hikers with leather knee breeches, red socks, their heavy boots and sticks are starting to come once more. Those who thought they had seen it all, from the Chinese wall to the Caribbean Islands. They get in each other's way in the narrow Bode valley in autumn, looking for the famous hoof print on the Rosstrappe, left by the horse of the beautiful Brunhilde as it prepared to jump, thus saving her from the wild Bodo. According to the legend, he was transformed into a black dog, whose task it is to guard this, the most beautiful valley of the Harz. It has taken the frothy river millions of years to carve its way through the hornfels and granite – and for thousands of years no one has taken any notice.

When travelling was still a leisurely activity, and the sea and the Alps were considered dangerous as well as inhospitable, the German low mountain range was a dream destination for many hikers. In 1824 Heinrich Heine wrote : "I want to scale the mountains, where the meek huts stand, where the chest is opened and the free winds blow." These mountains were the Harz mountains, whoes highest peak, the 1142 metre high Brocken, now forms part of the reunified Germany. The euphoria of the first ascents after the reunification on the 3rd of December 1989, where thousands of people from east and west headed for the summit, has hardly diminished: Millions of people come year after year. The mountain hides behind an Icelandic cold veil of clouds 300 days a year with the coquettishness of one much admired. Whoever starts a day's hike doesn't know what is in store for him at the summit.

## *Voyage à travers le HARZ*

C'est comme avec la mode vestimentaire : cell d'hier est passée, mais celle d'avant-hier est d nouveau au goût du jour. Les randonneurs son de retour, arborant knickers en cuir, chaussette rouges, godillots, et tenant bâton à la main. Ils affir ment connaître le monde entier, de la muraille d Chine aux Caraïbes, mais en automne, ils se bous culent dans l'étroite vallée de la Bode et arrivés à la Rosstrappe, ils se mettent à la recherche de l célèbre empreinte de sabot laissée par le cheva de la belle Brunhilde, qui, grâce à lui, put échappe au brutal Bodo. La légende raconte que ce dernie fut transformé en un chien noir qui veille depuis su la plus belle vallée de la région du Harz. Le fleuv écumeux nécessita des millions d'années pour s frayer un chemin à travers l'hornblende schisteus et le granit. Et pendant des milliers d'années, per sonne n'y a attaché son regard!

Autrefois, quand les voyages duraient longtemps quand la mer et les Alpes étaient considérée comme des endroits aussi dangereux qu'inhospita liers, les montagnes moyennes allemandes attiraien déjà de célèbres randonneurs. En 1824, il y a à peine deux siècles, Heinrich Heine fit les vers suivants : « Je veux escalader les montagnes qui abritent des refuge permettant de se retirer, où on peut se promene la poitrine à l'air et où on respire de l'air frais. » Ce montagnes dont il était question sont situées dans l massif du Harz, dont le point culminant, le légendair massif du Brocken (altitude 1142 mètres), fait désor mais partie de l'Allemagne réunifiée. Après l'ouvertur du mur, les sensations de bonheur qu'éprouvèren des milliers d'Allemands de l'Ouest et de l'Es lorsqu'ils se mirent à escalader la montagne le décembre 1989, ne se sont que très peu estompées chaque année, des millions de visiteurs y reviennent La montagne, où règne un froid semblable à celu

Eine bemerkenswerte Renaissance erleben die romantischen Landschaften, die erst Heine und Goethe, Hermann Löns und Fontane uns zu sehen gelehrt haben. Davor galten sie nichts. Oder nur als Schauplätze kriegerischer Auseinandersetzungen, Standorte fürstlicher Schlösser. Dänen und Niederländern war das nördlichste deutsche Mittelgebirge seit den sechziger Jahren des vorigen Jahrhunderts die nächste Abfahrt im Pulverschnee. Die Westler, die jahrzehntelang ihre Besucher zum Stacheldraht an der Grenze geführt hatten, haben in den vergangenen Jahren das Gefühl gewonnen, den schönsten, den lichtesten Teil des Gebirges habe man ihnen bisher vorenthalten. Das liegt nicht nur am flacheren Unterharz und den hellen Laubwäldern neben dunklen Fichtenhainen, die für die Abwechslung der Eindrücke sorgen. Die Orte sind noch ursprünglich und lassen Fantasie und Neugier Spielraum. Erinnerungen und Sehnsüchte werden geweckt. Dort schnitzt man noch Harzhexen aus richtigem Holz, da sprühen noch Funken aus einer Schmiede. Hier legt man noch Wert auf das Althergebrachte.

Der Harz – sein Name kommt vom alten deutschen Wort „Hart" für Bergwald – ist eigentlich eine tertiäre Scholle, herausgehoben aus den im Karbon und Devon aufgefalteten Schiefern. Das ist unendlich lange her und bezeichnet die Zeit vor Milliarden Jahren, als erste Wälder, Insekten und Kriechtiere die Erde besiedelten. Damals schon barg dieses Stück Erde Silber, Eisen, Kupfer, Blei, Schwefel und Arsen. Aber es galt lange als unwegsam und unbewohnbar, und langsam erst wurden die Ränder besiedelt. Erst das ausgehende Mittelalter machte das gerade hundert Kilometer lange und 35 Kilometer breite Gebirge bedeutend, als hier Erze gefördert wurden und Produktionsstätten sich ansiedelten.

The romantic landscapes that Heine, Goethe, Hermann Loens and Fontane taught us to see are currently experiencing a remarkable renaissance. Before that they were considered nothing more than scenes of armed conflict and location of lavish castles. The most northern German low mountain range has been the closest powder snow slope for the Danes and the Dutch since the sixties of the last century. The West Germans, who used to take their guests to the barb wire border, are now starting to realise that the nicest, the lighter side of the mountains had been withheld from them until the reunification. They do so not only because of the flatter lower Harz, the lighter deciduous forest and the dark pine groves, that provide many different impressions. The towns are still not fully developed and all neat, tidy and decked out for the tourists. They leave room for imagination and curiosity and arouse memories and yearning. Here sparks still fly out of the forge and Harz-witches are still carved out of proper wood. Nothing is mundane.

The Harz got it's name from the old German word "Hart", meaning hard, which stood for the Bergwald. In fact the Harz is a tertiary clod, elevated by the slate within the carboniferous and the Devonian. But that is long ago. It took place billions of years ago, when the first woods, insects and reptiles started to populate the earth. Even then, this piece of land held silver, iron, copper, lead, sulphur and arsenic. But for a long time the region was considered rough and inhabitable, and only slowly did the people start to populate the edges. The only one hundred kilometres long and 35 kilometers wide mountain range first became important towards the end of the Middle Ages, when minerals were being extracted, production centres had settled down and trade routes led by.

de l'Islande, est enveloppée de nuages pendant presque 300 jours par an. Ceux qui se préparent à y faire une randonnée, ignorent ce que la montagne leur réserve.

Les paysages romantiques, que les écrivains Heine, Goethe et Fontane nous firent jadis découvrir, vécurent une renaissance remarquable. Avant cette époque, ils n'étaient pas prisés ou bien ne donnaient lieu qu'à un théâtre d'opérations guerrières ou étaient l'endroit que les princes choisissaient pour y construire leur château. Depuis les années soixante du dernier siècle, Danois et Néerlandais s'adonnent aux sports d'hiver dans ce massif allemand situé non loin de chez eux. Les Allemands de l'Ouest, qui pendant des années avaient mené leurs touristes jusqu'aux barbelés bordant la frontière, ont eu l'impression au cours des dernières années qu'on leur avait dissimulé la plus jolie section de la montagne. Et ceci ne résulte pas seulement du fait que le massif du Bas Harz soit peu élevé ou que les claires forêts de feuillus, arrangées à côté de sombres forêts de sapins, nous offrent des paysages variés. Les sites sont encore vierges et ne témoignent pas d'une mise en ordre et d'une propreté destinées à plaire aux touristes, ils laissent plutôt place à l'imagination et éveillent la curiosité. C'est ici que l'on sculpte encore les fameuses sorcières du Harz en bois véritable et que jaillissent encore les étincelles d'une forge. Rien n'est mondain.

Le Harz, qui est dérivé de l'ancien terme germanique « Hart » désignant les montagnes aux noms en « Wald » (forêt) est à proprement parler un bloc de l'ère tertiaire surgi des plissements schisteux remontant à l'ère du charbon et du Devon. À cette époque, la terre renfermait déjà des métaux précieux tels que de l'argent, du fer, du cuivre, du plomb, du soufre et de l'arsenic. Mais cette région

Die Harzbesuche der ersten Bildungsreisenden offenbarten die Dramatik der Landschaft. Von den Menschen, die sich hier ansiedelten, um im Berg Schätze für die Fürsten und für sich selbst gerade mal ein Auskommen fanden, war erst viel später die Rede. Heute finden sich die Zeugen ihrer Zeit nebeneinander, die winzigen Behausungen, die sich im Schatten reich geschmückter Fachwerkhäuser ducken. Von hier aus gingen die Männer ihrem Tagwerk im Berg nach. Doch auch die Kinder mussten sich schon früh einen Arbeitsplatz dort unten sichern, wo es finster war und immer kalt. Wer mit dem „Feurigen Elias" heute 266 Meter tief in die Grube „Lautenthals Glück" einfährt, darf den Pullover nicht vergessen. Kilometerlang sind die Stollen, die die Männer im 16. Jahrhundert in den Berg trieben, mit Schlägel und Eisen, nur einige Zentimeter am Tag!

Eine ganz andere Welt ist im Untergrund zu entdecken und unglaublicher Erfindungsreichtum zu bewundern: Zum Beispiel der Fahrbetrieb in den Stollen, dessen Nachbildung man am Giebel der Zellerfelder Post sehen kann. Zwei Holzstangen mit Trittbrett bewegen sich so gegeneinander, dass sie die Bergleute schnell hinauf- und hinunterbefördern konnten – wichtig, wenn man bedenkt, dass der Arbeitstag im Berg zehn Stunden lang war und die Wege zum Arbeitsplatz noch hinzukamen. Fantastisch ist das Oberharzer Wasserregal bei Clausthal-Zellerfeld; Regal genannt, weil so das Recht auf Wassernutzung hieß. Dieses Wasserregulierungssystem sollte die Wasserknechte ersetzen, die sich bis dahin auf langen Leitern Wassereimer zureichten. Danach kamen Pferde in Göpeln, die Winden bewegten, mit deren Hilfe Wassersäcke und Erztonnen nach oben befördert wurden. Später legte man dann Speicherteiche und Sammelgräben an, damit zu jeder Zeit Wasser floss.

The drama of this scenery was exposed by the first visitors on educational trips. The people who once settled here, who worked in the mines and extracted treasures for their sovereign, whilst barely managing to get by themselves, were mentioned only much later. Today you can find witnesses of these times next to one another; the tiny dwellings hiding in the shadow of the richly decorated half-timbered houses. It was from here that the men pursued their daily work in the pits. The children worked, too, down there where it is always dark and cold, in order to secure themselves a job. People who decide to take the "Feurigen Elias" into the 266 metre deep pit "Lautenthals Glück" should remember to bring a pullover. The tunnels, that go on for kilometres, were dug out by men in the sixteenth century with simple hammers, mere centimetres a day!

A completely different world awaits to be discovered in the underground and astounding ingenuity waits to be admired: a model of the way to move, for example, can be seen underneath the gable of the Zellerfeld post office. It consists of two wooden beams with pedals that move against one another in such a fashion, that it allowed the miners to descend into or ascend out of the pits fast, which was important if you take into account that the working day for a miner was ten hours long, not including the trip to their workplace. In the upper Harz lies the fantastic Wasserregal by Clausthal-Zellerfeld, named Regal after the right to water use, which bore the same name. A water regulation system was developed, because until then servants on long ladders formed a human chain and handed buckets of water to each other. Horses in so called Göpeln, moved the windlasses to bring the sacks of water and barrels of minerals to the surface.

fut pendant long-temps très difficile à traverser et demeura également longtemps inhabitable. C'est seulement vers la fin du Moyen Âge que ce massif, ayant 100 kilomètres de longueur et 35 kilomètres de largeur, revêtit de l'importance, à l'époque où on commença à extraire du minerai, où les centres de production s'y implantèrent et où les voies commerciales la traversèrent.

Les premiers voyages culturels entrepris par les excursionnistes dans la région du Harz dévoilèrent l'intensité dramatique de la région. C'est seulement au bout de plusieurs siècles que l'on évoqua la vie des premiers hommes qui s'établirent dans cette région, qui se mirent à chercher des trésors pour leurs souverains et qui trouvèrent une dure activité leur permettant de subvenir à leurs besoins. Aujourd'hui, les édifices témoins de cette époque se dressent les uns à côté des autres telles les minuscules habitations tassées contre de splendides maisons à colombages. C'est ici que vécurent les hommes qui travaillaient du matin au soir à la mine. Les galeries que les mineurs n'arrivaient à creuser que de quelques centimètres par jour à l'aide de massettes et de pointerolles au XIVe siècle, sont longues de plusieurs kilomètres.

Jadis, les gens venaient de partout, même du Tyrol, pour chercher du travail dans la région du Harz. Dans les forêts, d'étranges créatures portaient sur leur dos des hottes de bois jusqu'aux meules où le hêtre était brûlé pour en faire le charbon de bois nécessaire à la fonte des minerais. Ne ressemblaient-elles pas à des esprits ou à des fantômes dans le brouillard d'automne? Ce n'est pas étonnant que justement dans la région du Harz circulaient d'innombrables légendes et histoires qui traitaient aussi bien du mur du diable que du bon nain

Aus ausgehöhlten Baumstämmen und in Handarbeit entstanden die Wasserleitungen, 500 Kilometer Gräben, über 100 Teiche, darunter der Oderteich, der damals größte Stausee Europas. Heute ist das Hochplateau mit noch über 60 Teichen ein Kulturdenkmal.

Von überall her waren Menschen gekommen, hier Arbeit zu finden, auch Bergleute aus Tirol. Die Tiroler hatten aus ihrer Heimat einen Vogel mitgebracht, der als Harzer Edelroller bekannt werden sollte: den Kanarienvogel. Seine Zucht ergab ein wichtiges Zubrot, denn hoch waren die Löhne nicht. Merkwürdige Gestalten schleppten Holzkiepen durch die Wälder zu den Meilern, in denen Buchen zu Holzkohle verbrannten, die man für die Erzverhüttung brauchte – sahen sie nicht im Herbstnebel wie Geister und Gespenster aus? Kein Wunder, dass gerade im Harz unzählige Sagen und Geschichten von der Teufelsmauer und vom guten Zwerg Hübichenstein entstanden, an langen Abenden gesponnen und weitererzählt. Goethe selbst hatte sich 1777, als er den Blocksberg, wie er den Brocken nannte, bezwang, dort zum Hexentanzplatz im „Faust" inspirieren lassen. Der Dichter musste nichts erfinden, das Unheil droben war bereits verbürgt, auf einem Holzschnitt von 1620 als Zauberfest der Gottlosen dargestellt. 1896 schon traf sich eine organisierte Walpurgisgesellschaft auf dem Brocken, und als ab 1899 die Brockenbahn fuhr, sollen seltsame Gesellschaften auf dem Gipfel in den Mai getanzt sein. Jedenfalls hat der Fürst von Stolberg-Wernigerode das umstrittene Spektakel 1901 verboten.

Aber auch die kahlen Kuppen wie am Hohneklippenkamm zwischen dunklen und lichten Wäldern erzählen die Geschichte des Harzes. Zunehmende

Reservoir ponds and ditches were set up, so that water could always flow to where it was needed. Tree trunks were hollowed out by hand to divert the water over 500 kilometres of ditches to more than 100 ponds, including the Oderteich, the largest artificial lake at that time. With over 60 connecting ponds the plateau is nowadays a cultural monument.

People came from all around to find work here, including miners from Tyrol and the Erz mountain range. The Tyrolese brought with them a bird, which was soon to become famous as the Harzer Edelroller, the canary. The breeding of canaries brought with it a lucrative extra income as the salaries were certainly not very high. Strange figures dragged panniers through the woods to the charcoal kiln, where beeches were burnt to charcoal, that was needed to melt the minerals – wouldn't they look like ghosts in the autumn fog? It's little wonder that many legends and stories originate in the Harz. Yarns where spun and told on long evenings, like the one about the devil's wall, or the one about the good dwarf Hübichenstein. In 1777 Goethe let himself be inspired to the scene of the witches dance in "Faust" by the Brocken, which he called the Blocksberg. He didn't have to invent anything. The scene was to be seen at the peak, on a wooden engraving dating from 1620, portraying the magic feast of the godless. In 1896 organised Walpurgis-societies met on the Brocken, and, once the Brockenbahn was in operation, strange societies are supposed to have danced into the month of May on top of the Brocken.

Yet even barren hilltops between dark and light woods, such as the Hohnklippen ridge, tell us the history of the Harz. Increasing air pollution, bark beetles and the wind have taken their toll.

Hübichenstein, etc. En 1777, lorsque Goethe atteignit le point culminant du Blocksberg, nom qu'il donna au massif du Brocken où les sorcières se réunissaient pour danser devant le diable en chevauchant un balai, il s'inspira de cet endroit pour écrire la célèbre scène de Faust. Goethe n'avait nullement besoin de faire appel à son imagination car il découvrit sur le sommet du Brocken une sculpture de bois datant de 1620, représentant le théâtre du sabbat des athées et qui confirmait ainsi que cet endroit était maléfique. En 1896, une assemblée de sorcières s'y réunissait déjà lors de la nuit de la Walpurgis (première nuit de mai). Et à partir du moment où le Brocken fut raccordé au réseau ferroviaire en 1899, on prétend avoir vu d'étranges assemblées en train de danser lors de cette première nuit du mois de mai. Quoi qu'il en soit, le prince de Stolberg-Wernigerode fit interdire ce spectacle en 1901.

Les sommets dénudés tels ceux du Hohneklippen-Kamm peuplés par des forêts sombres ou éclatantes de lumière nous narrent également l'histoire du Harz. La pollution accrue, les bostrydes et les vents ont eu des effets nocifs sur certains paysages. Les forêts détruites sont maintenant renouvelées par des bouleaux, des pâturages et des sorbiers. Et qu'est-il advenu des sapins? N'y a-t'il pas une assiette accrochée un peu partout sur laquelle figure l'inscription suivante: « Si les sapins verdissent, alors la production en minerais sera fructueuse »? On n'a jamais planté de sapins dans la région du Harz, ce proverbe n'est que pure invention. La région a toujours été parsemée d'hêtres et d'épicéas. Ces arbres, déjà abattus au X$^{e}$ siècle, étaient destinés au bois des mines pour l'exploitation de minerais, pour les constructions en colombages, pour la construction de bancs et de tables et plus tard pour la fabrication du papier.

Schmuck sieht das spätgotische Rathaus mit seinen Arkaden am Markt aus. So ist es um 1450 aus einem romanischen Bau entstanden. Über die Freitreppe links erreicht man das Obergeschoss und man hält willkürlich die Luft an: kostbare Holzschnitzarbeiten, Malereien, lückenlos holzgetäfelte Wände mit geschnitzten Leisten findet man im prunkvollen Huldigungssaal, ein beeindruckender Tagungsort der Ratsherren (s. Bild S. 9). Den Reichtum der Tuchhändler und Gewandschneider kann man von ihrem roten Gildehaus von 1494, mit seinen Arkaden und barocken Holzstatuen, schon von außen ablesen.

The late Gothic town hall looks smart with its arcade leading to the marketplace. This is how it evolved from a roman building around 1450. You can reach the top floor by the flight of steps on the left, where one is breathtaken by the precious wood carvings and paintings, perfect wood-panelled walls and carved strips in the homage hall, venue for the members of council (page 9). The wealth of the fabric traders and tailors is clearly to be seen when looking at their red guildhall from 1494, decorated with arcades and baroque wooden statues.

L'élégant hôtel de ville de style gothique tardif, dont la construction superpose une halle à arcades, s'ouvre sur la place du marché. Cet hôtel de ville de style roman fut construit vers 1450. Par un escalier extérieur (côté gauche), on monte à la grande salle du premier étage où un intérieur majestueux se présente à nous : de précieuses sculptures sur bois, de splendides peintures, des panneaux de boiserie restés entièrement intacts et des moulures sculptées se succèdent dans la salle de l'Hommage (Huldigungssaal) qui fut jadis aménagée en salle du conseil municipal (page 9).

## *Ende der Einleitung*

Luftverschmutzung, Borkenkäfer und Wind leisteten mancherorts ganze Arbeit. Aus sterbendem Wald wächst nun neuer, mit Birken, Weiden und Ebereschen. Und die Tannen? Hängt nicht überall das Tellerchen „Es grüne die Tanne, es wachse das Erz..."? Nie sind Tannen im Harz gewachsen, das war wohl immer erlaubte Fantasie. Buchen und Fichten bedeckten das Land und wurden schon im 10. Jahrhundert für den Erzbergbau als Grubenholz, für das Fachwerk, für Bänke und Tische und später Papier gefällt. Zeitweise soll mehr Holz im als auf dem Berg gewesen sein. Fichten pflanzte man, weil sie so schnell wuchsen. Nur wo die Berge weder Gold noch Silber bargen, ließ man die Laubbäume wachsen. Jetzt unter Schutz gestellt darf aus Nutzwald wieder Urwald werden. Am Brockenwald kann man es beobachten. Wo Granitblöcke die Gegend unwegsam machten und die Natur sich nach eigenen Gesetzen entwickeln durfte, modert Bruchholz in den Mooren. Füchse und Wildkatzen streifen wieder durch das Holz. Ein Waschbär aus Nordamerika hat seinen Pelz aus einer Farm gerettet, und seine Nachfahren werden als Fressfeinde argwöhnisch beobachtet. Der Harz lebt wieder. Und vor allem ist wieder viel mehr zu sehen als die Baudenkmäler aus romanischer Zeit, als Klöster, Kirchen und Kaiserpfalz. In Goslars Pfalzkapelle St. Ulrich liegt in einem Sarkophag das Herz Heinrichs III. Das hat er aus Liebe zu Stadt und Landschaft so verfügt, auch wenn sein Leib, der Familientradition gemäß, im Dom zu Speyer beigesetzt werden musste.

## *End of the introduction*

A new forest is growing out of the dying one, with birches, pastures and rowan trees. And the pine trees? Aren't there plates hanging every-where, proclaiming: "The greener the pine tree, the more the minerals grow..."? There have never been pine trees in the Harz. That has always been a popular fantasy. Beech and spruce trees covered the land and were already being cut down and used in the mines, for half-timbering, for benches and tables in the tenth century. And a little later on for the production of paper. Supposedly, there was more wood in the mountain than was growing on the mountain at times. Spruce trees were planted because they grow so fast. Only on the spots where no gold or silver could be found, were the deciduous trees allowed to continue to grow. Now, under protection, it can turn back into a primeval forest once more. You can observe this in the Brockenwald. Where blocks of granite once made the area rough, old wood is now rotting away in the moors. Foxes and wild cats prowl through the woods again. Ever since a racoon from the USA saved its fur by escaping out of a farm its descendants have been regarded with suspicion by their natural enemies. The Harz is alive again. And, above all, there is so much more to see, than roman historical monuments, monasteries, churches and the Kaiserpfalz. As it is family tradition, the body of Henry III lies in the cathedral in Speyer, but out of love to the town and countryside, it was his will that his heart is kept in a sarcophagus in the Palatine chapel St Ulrich in Goslar.

## *Suite de l´introduction*

On plantait des épicéas simplement parce qu'ils poussaient rapidement. On ne plantait des arbres à feuilles caduques en montagne que dans les endroits ne renfermant ni or, ni argent. Maintenant qu'elles sont sous protection, les forêts, qui étaient naguères détruites au profit de l'industrie, peuvent désormais reprendre leur état primaire. La forêt du Brocken nous le confirme parfaitement. Là où les blocs de granit rendaient les chemins impraticables et où la nature pouvait évoluer à son propre rythme, le bois pourrit dans les marais. Renards et chats sauvages font de nouveau leurs griffes sur les troncs d'arbres. Un raton laveur d'Amérique du Nord sauva sa peau en s'échappant d'une ferme d'élevage, et ses descendants se disputent aujourd'hui la nourriture avec la faune originelle. Le Harz revit. Outre ses monuments historiques datant de l'époque romaine, ses abbayes, ses églises et le palais impérial de Goslar, cette région renferme des endroits encore plus magiques. La chapelle palatine St-Ulrich conserve le tombeau d'Henri III, qui renferme le cœur de cet empereur. Il prit cette décision par amour pour cette ville et ses paysages. Son corps, néanmoins, repose dans la cathédrale de Spire conformément à la tradition familiale.

Hotel
KAISERWORTH
Dukaten
Keller
Das historische Hotel

## GOSLAR, Fachwerkhäuser

Armut hat den mittelalterlichen Schatz bewahrt. Auf einem Quadratkilometer findet man in Goslar 168 Bauwerke aus dem Mittelalter und tausend Häuser in der Altstadt stehen unter Denkmalschutz. Opulentes Renaissancedekor lässt zu der Annahme verleiten, die Blütezeit der Stadt sei durch die Montanvorkommen ungebrochen gewesen. Wenn man jedoch genau hinschaut, sieht man, dass einfaches Fachwerk, das den teuren Steinbau ablöste, den Beginn ärmerer Zeiten in gemischt bebauten Straßen verdeutlicht. Was jedoch heute ein romantisches Gesamtbild ergibt.

## GOSLAR, Half-timbered houses

Poverty has preserved this Middle Age treasure. In Goslar you can find 168 buildings from the Middle Ages and a thousand houses in the old part of Goslar are historical monuments. The lavish renaissance decor might lead you to think that the town always prospered, due to its wealth in coal and steel. But, when you look closer, it becomes clear that the simple half-timbering, that was to replace the more expensive building in stone, was to mark the beginning of poorer times. Today the city has the look with a special romantic side.

## GOSLAR, Maisons à colombages

Le manque d'argent a préservé le trésor médiéval de Goslar : un magnifique ensemble de 168 édifices à colombages réunis sur un $km^2$ et un millier de maisons de la vieille-ville sont aujourd'hui classés monuments historiques. Les opulentes maisons de style Renaissance peuvent faire croire que la ville a toujours été prospère grâce au charbon et à l'acier, mais un regard plus appuyé dévoile que nombre de constructions à pans de bois sont ultérieures à celles en pierre plus onéreuses et annonçaient des temps de pauvreté.

Die Kaiserpfalz ist der größte romanische Palastbau in Deutschland, den Heinrich III. (1039-56) so großzügig ausstatten ließ. Von hier regierten Salier- und Hohenstaufenkaiser das Heilige Römische Reich Deutscher Nation. Damals war der Harz Mittelpunkt des Reiches; bis dahin war es üblich, dass die Herrschaft bei Bedarf von Pfalz zu Pfalz reiste. Im 19. Jahrhundert drohte das Nationaldenkmal zu verfallen, bis man es von1868-1897 wieder restaurierte. Auf Wunsch Kaiser Wilhelms wurde der Bau mit monumentalen Wandmalereien des Malers H. Wislicenus zur deutschen Geschichte ausgestattet.

The Salian and the Hohenstaufen Kaiser reigned over the Holy Empire of the German Nation from the biggest Roman palace in Germany, that Henry III (1039-56) had generously furnished. The Harz was the centre of the empire then. Before that, the sovereigns travelled from earldom to earldom. In the 19th century the national monument threatened to fall into decay. But then it was restored over a period of ten years and, on request from Kaiser William, fitted with monumental murals depicting German history.

Disposant d'un intérieur élégant dû à Henri III (1039-56), cet édifice, constituant le plus grandiose des palais de style roman d'Allemagne, fut le lieu de résidence des empereurs Saliens et Hohenstaufen. À cette époque, le Harz était le cœur de l'Empire. Auparavant, les seigneurs voyageaient si nécessaire d'un comté à un autre. Au siècle dernier, ce monument historique national risqua de tomber en ruines. Il fut cependant assaini pendant 10 ans et l'empereur Wilhelm le fit parer d'ambitieuses peintures historiques.

△ Stadtblick / city / la ville

△ Kaiserpfalz / Imperial palace / palais impérial

▽ Marktplatz / market square / place du marché

▽ Huldigungssaal im Rathaus

## RAMMELSBERG BAD HARZBURG

Goethe war fasziniert, Alexander von Humboldt schwärmte von der „klassischen Quadratmeile der Geologie". Nun hat sich herausgestellt, dass Goslars Hausberg mehr als tausend Jahre (seit 968) mit seinen reichen Erzvorkommen für Wohlstand sorgte. Wahrscheinlich wurde hier schon im Jahre 300 abgebaut. Die UNESCO hat die stillgelegte Bergwerkanlage 1992 in die Liste der Kulturdenkmäler aufgenommen. — Es gibt Reste einer Burg, die auf Heinrich IV. zurückgeht. Herzog Julius von Wolfenbüttel begründete mit sprudelnder Sole eines der ältesten Heilbäder der Region, und so ist Bad Harzburg liebenswert nostalgisch, mit Spielbank, Kurpark und Märchenwald für die Kleinen.

## RAMMELSBERG BAD HARZBURG

Goethe was fascinated, and Alexander von Humboldt got into raptures about "the classic square mile of geology". Now it has become evident that the mountain, that has brought wealth to the region since 968 with its abundant mineral deposits, may in fact already have been exploited as early as 300. The UNESCO has put the shut-down mining facilities on their list of cultural monuments. — There are remains of a castle that go back to Henry the IV. Duke Julius of Wolfenbüttel founded one of the oldest medicinal baths of the region. Harzburg is adorably old fashioned with its casino, spa gardens and a fairytale wood for the little ones. It appears modest, yet distinguished.

## RAMMELSBERG BAD HARZBURG

Goethe était fasciné et Humboldt passionné par cette « géologie classique ». La mine de Goslar, qui contribua avec ses richesses minières à la prospérité de cette ville depuis plus de 1000 ans fut probablement exploitée depuis environ l'an 300. Les mines désaffectées ont été classées monuments historiques par l'UNESCO. — On y trouve les ruines d'un château fort datant de l'époque où vécut Henri IV. Le duc Julius de Wolfenbüttel bâtit l'une des plus anciennes stations thermales de la région où jaillissent des eaux salines pétillantes. La ville de Bad Harzburg est à la fois surannée et accueillante.

Pferdesport hat in Bad Harzburg Tradition, denn den Harzburger Rennverein gibt es schon seit 1880. Die idyllische Lage am Weißen Stein in Bad Harzburg, macht diese Rennstrecke zu einem ganz besonderen Erlebnis. Bis zu 50.000 Besucher kommen jährlich zu den Veranstaltungen die wegen ihrer Hindernis- und Jagdrennen, den ungewöhnlichen Seejagdrennen und den außerordentlichen Anforderungen der Naturrennbahn geschätzt werden. Auch das Familiäre kommt hier nicht zu kurz. Der Flair der Persönlichkeit macht die Harzburger Rennwoche so beliebt.

Equestrian sport has a long tradition in Bad Harzburg, for the Harzburg Racing Club has existed since 1880. The idyllic site of the "Am Weissen Stein" racetrack in Bad Harzburg makes a visit to the course a very special experience. Up to 50,000 visitors come here every year, attracted in particular by various steeplechasing events, the unusual lake steeplechase and also the exceptionally demanding conditions of the racecourse itself. Families are well catered for here, and the highly distinctive character of Harzburg race week has made it extremely popular.

Les sports hippiques participent d'une longue tradition à Bad Harzburg puisque l'association des courses de chevaux de Harzburg existe depuis 1880. L'hippodrome est situé dans un cadre idyllique appelé Weißen Stein (Pierre-Blanche). Chaque année, il accueille jusqu'à 50 000 spectateurs qui viennent assister aux manifestations hippiques, réputées pour leurs courses d'obstacles et de galop. Une autre épreuve aussi captivante qu'insolite est le « Seejagdrennen » au cours de laquelle les chevaux doivent traverser un étang.

## RADAU-WASSERFALL

Die Radau ein Fluss im Oberharz wurde ursprünglich in dieser waldreichen Gegend zum Flößen für Baumstämme und Torf genutzt. Mit der Anbindung der Staatseisenbahn wollte man möglichst viele Gäste anlocken und legte eine Attraktion an. Der Radau-Wasserfall, entstand durch Umleitung des Flusses 1859 angelegt und ist noch heute beliebter Zielpunkt von Wanderern. In der historischen Waldgaststätte kann man sich mit Speisen aus Wald und Flur verwöhnen lassen.

## RADAU WATERFALL

The River Radau, which flows through the dense forests of the Upper Harz, was once used to transport tree trunks and turf downriver on rafts. When the region was connected to the state rail network, it was decided to construct a local attraction that would draw numerous visitors. This led to the creation of the Radau waterfall, laid out in 1859 by diverting the course of the river. Even today, the waterfall is a favourite destination for walkers. In the historic forest tavern you can treat yourself to dishes with ingredients from local woodlands and meadows.

## CASCADE DE RADAU

Autrefois, la Radau, rivière de cette région très boisée du Haut-Harz, était utilisée pour transporter les troncs d'arbres et la tourbe sur des radeaux. Après que la région eut été desservie par le chemin de fer national, on voulut attirer les visiteurs en créant une attraction : la cascade de Radau. À cet effet, la rivière fut détournée en 1859 pour cascader sur des rochers dans un paysage idyllique. L'endroit est un but d'excursion très prisé des randonneurs qui après une marche à travers forêts et champs, apprécient le charme et la cuisine de l'auberge historique située à proximité.

Der schönste Teil des Oberharzes liegt mit dem Okertal zwischen Oker-Waldhaus und Waldhaus Romkerhalle. Erst 1817 wurde die Alte Harzchaussee angelegt, die jetzige Talstraße 50 Jahre später. Granit zu grandiosen Klippen geformt, Blöcke, die im Flussbett liegen, herausgewitterte Kalksteine, die fast durchsichtig scheinen und Sandstein zu Märchenfiguren geschliffen, überraschen Wanderer und Kanufahrer gleichermaßen. Waldkiefern wachsen hier, und manchmal sieht man Wasseramseln.

The area between Oker-Waldhaus and Waldhaus Romkerhalle, where the Oker valley lies, is one of the most beautiful parts of the upper Harz. The old Harzchaussee was laid down in 1817, fifty years before the current road through the valley. Hikers, as well as canoeists, are taken aback by the grand granite cliffs, the blocks that lie in the river bed, the limestone, through which you can see the sky and the sandstone, polished to fairytale figures. Pine trees grow here, and occasionally you can see a water ouzel.

Outre la splendide vallée de l'Oker, la section la plus jolie du Haut Harz s'étend entre Oker-Waldhaus et Waldhaus Romkerhalle. L'ancienne route du Harz fut seulement construite en 1817; la route de la vallée, quant à elle, 50 ans plus tard. Les rochers de granit, sculptés en forme d´écueils, les blocs rocheux, reposant au fond de la rivière, les pierres calcaires fissurées reflétant le ciel et le grès poli en forme de personnages de conte surprennent tout aussi bien les randonneurs que les kayakistes. Parmi la flore et la faune, on trouve des pins et l'on rencontre parfois des merles d'eau.

Nördlich des Okerstausees beginnt das Wanderparadies für jedes Alter mit unterschiedlichen Schwierigkeitsgraden. So trifft sich hier das bunte Wandervolk. Es gibt den Treppenstein und die Adlerklippen, Hänge und Sättel im Gebirge, und den Abstieg über eiszeitliche Blockmassen des Teufelstals. Wer in der Erdgeschichte zu lesen vermag, freut sich an Spuren im Sedimentgestein, welches von Hitze und Magmaeinwirkung erzählt, von mitteldevonischem Tonschiefer und oberdevonischem Kalkstein.

A true paradise for hikers of all ages and abilities lies to the north of the Oker-dam. Here you can find stairs of stone and cliffs with eagles, slopes and saddles in the landscape, and a descent over block masses from the Ice Age into the valley of the devil. If you care to read a little about the earth's history, the sedimentary rock tells us about the influences of magma and heat, about middle Devonian slate and upper Devonian limestone.

Le paradis des randonneurs commence au nord du barrage de l'Oker. Grands et petits peuvent s'adonner aux activités de leur choix car les chemins y offrent des agréments divers. Ici, on y trouve des escaliers de pierre et des falaises où nichent des aigles, des pentes et des croupes dans les montagnes et on peut descendre des multitudes de blocs rocheux. Ceux qui souhaitent s'initier à la géologie, se réjouiront de découvrir des traces de roches sédimentaires, qui les informeront des effets du magma et de la chaleur. Ils tomberont également sur du schiste argileux.

## ROMKERHALLER WASSERFALL

Im Okertal, zwischen Oker und Altenau, liegt „das kleinste Königreich der Welt". 1862 ließ sich König Georg V. einen Jagdsitz errichten. Bei der Gebietsreform 1970 wurde Romkerhall schlichtweg vergessen und so rief der Besitzer des Gebietes 1988 die Prinzessin von Sachsen zur Königin aus. Gegenüber des wie ein Märchenschloss anmutenden heutigen Hotels befindet sich der höchste Wasserfall des Harzes (64 m), welcher durch die Umleitung der Romke einst entstand. Von hier starten Wandertouren in alle Richtungen, z. B. zur „Mausefalle" oder „Hexenküche", die einen gewissen Schwierigkeitsgrad versprechen.

## ROMKERHALL WATERFALL

In Okertal, between Oker and Altenau, lies what has been called the smallest kingdom in the world. In 1862, King Georg V had a hunting lodge built here. By some oversight, Romkerhall was omitted from the 1970 land reform programme, and in 1988, the owner of the area declared the Princess of Saxony its queen. Opposite the present-day hotel, which looks more like a fairy-tale castle, is the highest waterfall (64 m.) in the Harz, created when the course of the river Romke was rerouted. The energy generated by the confluence of the various rivers is utilised by a hydroelectric plant which can be observed behind glass panes.

## CASCADE DU ROMKERHALL

Dans la vallée de l'Oker, le « plus petit royaume du monde » se niche entre Oker et Altenau. Le roi Georges V fit ériger une résidence de chasse à cet endroit en 1862. Romkerhall fut tout simplement oublié lors de la réforme territoriale en 1970, et c'est ainsi qu'en 1988, le propriétaire du lieu en fit un royaume, avec la princesse de Saxe comme souveraine. La déviation de la rivière Romke est à l'origine de la plus haute chute d'eau du Harz (64 m) qui cascade en face de l'hôtel à l'aspect de château de conte de fée. Les rivières et ruisseaux des environs alimentent un système hydroélectrique que l'on peut voir derrière des parois en verre.

## OKERTAL Feigenbaumklippe

Steil steigen die Granitklippen an, die in Jahrmillionen zu namenlosen Gebilden oder Märchenfiguren verwittert sind. Ein wunderbares Trainingsgebiet für Bergsteiger. Steil geht es auch hinauf zur Feigenbaumklippe oder -kanzel, wo die schöne Aussicht schon die Mühe lohnt. Noch ein Stückchen weiter, hinter den Kästeklippen werden alle die durchgehalten haben, bei gutem Wetter mit einem außergewöhnlich schönen Blick auf den Brocken belohnt. Der Abstieg führt zum Huthberg und Treppenstein.

## OKER VALLEY Fig tree Cliffs

Over millions of years, the granite cliffs have been formed into nameless figures and fairytale characters by the influences of the weather. A great training ground for mountain climbers. The ascent to the Feigenbaumklippe or to the Feigenbaumkanzel is steep, but the beautiful view is worth the effort. A little further on, behind the Käste cliffs, those who made it are rewarded with a magnificent view of the Brocken. The descent leads around the Huthberg and to the stone stairway.

## Vallée de l´Oker Klippe du Figurier

Érodés par les intempéries pendant des millions d'années, les rochers de granit escarpés ont pris des formes dont certaines rappellent les personnages de contes de fées. Ils sont de formidables terrains d'entraînement à l'escalade, mais offrent aussi de superbes points de vues. La rude ascension des rochers dits Feigenbaum (Figuier) est récompensée par un beau panorama, et si l'on a le courage d'aller un peu plus loin, derrière la falaise de Käste, on découvrira une vue magnifique sur le Brocken. La descente contourne le Huthberg et comprend un escalier taillé dans la pierre.

Man sieht es: Die Ilse plätschert und plappert wie zu Goethes Zeiten, nichts scheint sich in Jahrhunderten verändert zu haben. Moosweiche Wanderwege führen den Fluss entlang zu den Ilsefällen, wo sich das Wasser schäumend und zischend durch die Felsen schlängelt. – Die Bekanntschaft mit der Harz-Natur begann für viele Wanderer mit dem Umrunden der Okertalsperre, der in den 50er Jahren der Ort Schulenberg zum Opfer fiel. Angeblich kann man im Wasser die Kirchturmspitze sehen und ihre Glocken läuten hören.

Nothing seems to have changed for centuries, with the Ilse splashing and chattering as it did to Goethe's times. Soft paths, covered by moss, lead alongside the river. Mossy footpaths lead along the river bank to the Ilse Falls, where foaming waters cascade dramatically down through the rocks. A lot of the hikers start at first to know the Harz by walking around the Oker dam, for which the town of Schulenberg had to make way. It is said that you can still see the tip of the church tower below the surface and hear the bells chiming.

L'Ilse murmure et susurre comme au temps de Goethe. Il suffit de la regarder pour constater qu'au bout de plusieurs siècles rien n'a changé. Au long de la rivière, des chemins moussus mènent aux chutes de l'Ilse où l'eau bouillonnante ruisselle sur des rochers. Il paraît qu'on voit la réflexion des tours de l'église dans les eaux et qu'on entend les cloches sonner. Un grand nombre de randonneurs découvrirent les paysages du Harz en commençant d'abord par flâner le long du barrage de l'Oker.

Nachdem der Vorgängerbau abgebrannt war, errichtete man 1636 aus Fichtenstämmen, wie es sie im Oberharz reichlich gab, das größte hölzerne Gotteshaus Deutschlands. Die barocke Marktkirche „Zum Heiligen Geist" bietet etwa 2.000 Menschen einen Sitzplatz. Pfingsten 1642 wurde sie eingeweiht. Die innen wie außen streng und sachlich wirkende Kirche ist mit Bleiplatten gedeckt. Innen fällt ein im Stil des Rokoko geschmückter Orgelprospekt aus dem 18. Jh. auf. Altar, Kanzel und Taufstein wurden zur Gründung geschnitzt und stammen von Andreas Gröber aus Osterode.

The largest wooden place of worship in Germany, the Marktkirche of the Holy Ghost, offers space for around 2000 people. The preceding building was burnt down, so, in 1636, it was re-erected using spruce tree trunks, which were abundant in the upper Harz at that time. It was consecrated at Whitsun in 1642. The stern and serious appearing church is covered by lead slabs. On the inside, the heavily decorated organ from the 18th century stands out. The altar was carved for the foundation. Three bells hang in the tower.

La plus grande église en bois d'Allemagne (la Marktkirche zum Heiligen Geist) compte 2000 places assises. Ravagée par un incendie, cette église fut reconstruite en 1636 en bois de sapin car la région du Haut Harz était autrefois fort peuplée de sapins. Elle fut consacrée en 1642. Ayant un intérieur et un extérieur à la fois sombre et dépouillé, cette église a été recouverte de plaques de plomb. À l'intérieur, remarquez l'ouvrage richement décoré de l'orgue, datant du XVIIIe siècle. Son autel fut sculpté en bois lors de la construction de l'église.

Corps an der
TU Clausthal
Winter-Sport-
Verein
Clausthal-
Zellerfeld e.V.
Bergmanns-
Hochzeit

## GOSLAR-HAHNENKLEE, Stabkirche ▷

So baute man Gotteshäuser in norwegischen Berg- und Fischerdörfern. Das gefiel Friedrich Wilhelm IV., dem romantischen Preußenkönig, und so ließ er 1841 eine Stabkirche aus dem norwegischen Vang ins Riesengebirge transportieren. Davon ließ sich der hannoversche Baurat Karl Mohrmann bei dem Entwurf für die Kirche von Hahnenklee im Jahre 1907 inspirieren. Die Grundkonstruktion ist weitgehenst den Wikingerschiffen nachempfunden, wobei man sich das Dach als Kiel vorstellen muss, welches auf zwölf senkrechte Holzpfeiler gewissermaßen auf den Kopf gestellt wurde.

## GOSLAR-HAHNENKLEE, Stave church ▷

This is how churches were built in Norwegian fisher and mountain villages. Frederick William IV, the romantic Prussian king, liked them so much that he had a stave church be transported from the Norwegian Vang to the mountain range. When asked to design a church for Hahnenklee, the Hanoverian head of the planing department and building control office Karl Mohrmann let himself be inspired by it. He copied the basic construction from Viking ships. You have to imagine the roof as the keel, held up by twelve vertical wooden pillars.

## GOSLAR-HAHNENKLEE, Église ▷

En Norvège, les églises des villages situés en montagne, et celles des villages de pêcheurs furent construites dans ce style. Cette architecture séduisit Frédéric-Guillaume IV et c'est ainsi qu'il fit transporter une église scandinave de la ville norvégienne de Vang jusqu'au mont des Géants en 1841. L'officier du service urbanisme de la ville d'Hanovre, Karl Mohrmann, qui fut chargé d'effectuer le plan d'une église, se laissa inspirer par ce style d'architecture. Les fondations ressemblent aux bateaux des Vikings.

CLAUSTHAL-ZELLERFELD
Harzfest-Umzug in Clausthal

## GOSLAR-HAHNENKLEE, Gustav-Adolf Stabkirche / Gustav-Adolf stave church / Église Gustav-Adolf de type scandinave

Innen eher noch als außen sieht man der nach dem Schwedenkönig benannten Gustav-Adolf-Kirche, die Anleihe an einen Schiffskörper an. Was man nicht so ohne weiteres sieht, ist das Andreaskreuzband welches das Gebäude oben zusammenhält. Die Querbalken sind ganz ohne Nägel gearbeitet, nur gespundet und genutet. Licht fällt durch die Bullaugen, die im Schatten des mächtigen mehrstufigen Satteldaches von außen kaum wahrgenommen werden. Deutschlands einzige Stabkirche ist längst berühmter als der Ort, in dem sie steht.

The resemblance to Viking ships is to be seen more clearly on the inside than on the outside of the Gustav-Adolf church, named after the Swedish king. One detail you won't notice immediately is that the building is held together at the top by a St. Andrew's cross band. The crossbeams are free of nails, simply tongued and slotted. Light falls in through the portholes, that are hardly noticeable from the outside in the shadow of the mighty multistage saddle roof. Germany's only stave church has long been much more famous than the town it stands in.

L'église Gustav-Adolf, qui porte le nom du roi de Suède, possède un intérieur présentant l'aspect de la coque d'un bateau bien que cet aspect soit plus marquant à l'intérieur qu'à l'extérieur. Les poutres transversales ont été travaillées sans recourir à l'usage de clous, elles n'ont été que bondonnées et rainurées. La lumière pénètre les hublots qui sont cependant peu distinguables de l'extérieur sous l'imposant toit en pente à étages multiples. La seule église d'Allemagne de type scandinave est célèbre depuis longtemps, bien plus que la localité dans laquelle elle est implantée.

Im Gegensatz zu den meisten wasserwirtschaftlichen Bauten im Oberharz ist die Granetalsperre 1969 nur zu dem Zweck gebaut worden, weiches und sauberes Harzwasser mittels zweier Fernwasserleitungen bis weit ins Harzvorland zu bringen. Ein schöner Wanderweg, 17 Kilometer lang, führt um den See, meist über Schiefergestein. Die Vegetation, reich an Birken, Erlen und Ebereschen, ist noch verhältnismäßig jung. Im Sommer leuchten die Blütenähren des Roten Fingerhutes und im Herbst kann man an sonnigen Stellen Brombeeren pflücken.

Contrary to most water-supply and distribution constructions, the Grane dam in the upper Harz was only built for the purpose of supplying the Harz foothills with soft and clean Harz-water by two pipelines. There is a 17 kilometres long walk around the lake, mostly over slate. The vegetation, birches, alders and rowans, are still relatively young. In the summer the blossom spikelets of the red finger flower glow and in autumn you can pick bramble berries in sunny spots.

Contrairement à la plupart des constructions d'économie hydraulique que l'on trouve dans le Haut Harz, le barrage de Grane, datant de 1969, fut construit dans le but d'approvisionner l'avant-pays du Harz en eau douce et potable à l'aide de canalisations d'eau. Un splendide chemin de randonnée long de 17 kilomètres, à revêtement parfois schisteux, conduit directement au bord du lac. En été, les fleurs de la digitale pourprée scintillent et au printemps, les endroits ensoleillés nous invitent à cueillir des mûres.

Die Innerstetalsperre, von Mischwäldern umgeben, ist kein Trinkwasserreservoir wie der nahe Granestausee. Sie dient dem Hochwasserschutz und dem Wassersport. Man darf hier baden, rudern und segeln. Wie die Talsperren sind auch die meisten Teiche im Harz künstlich angelegt. Im Hochmittelalter brauchte man sie, um mit Wasserkraft Pumpen für die Bergwerke zu bewegen, die man „Förderkunst" nannte. Viele der Teiche gibt es heute noch auf den Hochebenen, sie gelten nun als Kulturdenkmäler des Bergbaus.

The Innerstedam, surrounded by mixed woodlands, is not for the provision of drinking water, like the Grane dam. It's sole purpose is to prevent floods and is used avidly for water-sports. Here, you can bathe, row and sail. Most ponds in the Harz are artificial. They were already being used in the high Middle Ages to operate pumps for the mines, named Förderkunst. Many of the beautiful ponds still exist on the elevated plainsthe; they are cultural monuments of the mining industry.

Contrairement au lac de barrage situé à proximité de Grane, le barrage Innerstetalsperre, entouré de forêts à essences mixtes, n'est pas un réservoir d'eau potable. Il protège uniquement contre les crues et permet également de pratiquer les sports nautiques. On peut s'y baigner, faire de l'aviron et de la voile. À l'époque du Haut Moyen Âge, on se servait des barrages et des étangs pour déplacer les pompes des mines à l'aide d'énergie hydraulique. La plupart des étangs existent toujours, ils sont les monuments culturels de l'industrie minière.

Hier, wo die Innerste mit der Laute zusammenfließt, liegt die idyllische Bergstadt Lautenthal. Seit dem frühen 13. Jahrhundert bis 1957 wurden hier Silber, Blei und Kupfer abgebaut. Das Niedersächsische Bergbaumuseum befindet sich auf dem Gelände des ehemaligen Silberbergwerks „Lautenthals Glück". Heute kann die Silbergrube besichtigt werden und als einzige auf der Welt ist sie auch, auf dem Weg den das Silbererz nahm, mit dem Boot zu erkunden. Auf 266 m Tiefe in einem Schacht steht die St. Barbara-Kapelle, hier werden Gottesdienste, Taufen und Trauungen abgehalten.

At the confluence of the rivers Innerste and Laute stands the idyllic mountain town of Lautenthal. Silver, lead and copper were mined here from the early 13th century up to 1957. The Lower Saxony Mining Museum is situated in the grounds of a former silver mine named "Lautenthals Glück". Today the mine is open to the public. It is unique in that it can be explored by boat along the old underground waterways, once used to transport silver ore. Deep in an underground shaft stands St Barbara's Chapel, where church services, baptism and even weddings once used to be held.

Ancienne localité minière, Lautenthal s'étend dans un site idyllique au confluent de l'Innerste et de la Laute. Du début du XIIIe siècle à 1957, fut extrait ici de l'argent, du plomb et du cuivre. Le musée des mines de la Basse-Saxe se trouve dans l'ancienne mine d'argent « Lautenthals Glück » (Le bonheur de Lautenthal). On peut la visiter et de surcroît, ce qui est unique au monde, à bord d'un bateau qui suit le parcours du filon d'argent. Dans une des galeries les plus profondes, se trouve la chapelle de Sainte-Barbara où l'on célébrait des messes, baptêmes et même des mariages.

Seesens Schönheit wird gekrönt durch seine Wahrzeichen, die mittelalterliche Burg Sehusa aus dem 13. Jh., die St. Andreas Kirche, der Vitusturm, die Seerosenteiche im Steinway-Kurpark und das herzogliche Jagdschloss mit dem Heimatmuseum. Berühmt wurde Seesen auch durch die Familie Steinweg, die sich in den USA mit der Konzertflügelherstellung, als „Steinway & Sons" einen Namen machte. Jedes Jahr Anfang September weiß man nach altem Brauchtum das Sehusafest zu feiern. 8 km weiter, im Ortsteil Mechtshausen, fand Wilhelm Busch seine letzte Ruhestätte.

This pretty town is graced by a local landmark, the 13th century middel age mansion of Sehusa. Other sights include the church of St Andreas, the Vitus tower, the water lily lake in the Steinway park and the hunting lodge of the dukes. Seesen is best known for its connection with the Steinweg family, who made their name in the USA as Steinway & Sons, the world's most famous manufacturers of concert grand pianos. Every year in the beginning of September the traditional Sehusa Festival takes place here. The famous German poet and painter Wilhelm Busch is buried in near by.

Le château Renaissance Sehusa du XVIe siècle, l'église Saint-André, la tour dite Vitusturm, les étangs de nénuphars du parc Steinway et l'ancien pavillon de chasse, sont les principales curiosités de cette agréable petite station climatique. Elle est le berceau de la famille Steinweg qui devint célèbre aux États-Unis sous le nom de « Steinway & Sons », fabricants de pianos. Tous les ans, durant le premier week-end de septembre, a lieu la fête de Sehusa au cours de laquelle Seesen fait revivre les traditions anciennes. À huit km, Mechtshausen est le dernier lieu de repos de Wilhelm Busch.

Schwimm
Horizontalwe
Tropfsteinhöhle
Kurbadehaus
Bergbaumuseum
Uhrenmuseum
Postamt
19-7h
Oberharzer Hof
Café Julia
Restaurant · Ratskeller
Bierstube · Kegelbahn

Sehenswürdigkeiten ganz unterschiedlicher Art gibt es hier auf engstem Raum, wie man schon den Wegweisern entnehmen kann: Die Iberger Tropfsteinhöhle ist der Rest eines Korallenriffs, im 16. Jahrhundert von Bergleuten entdeckt, die Eisenstein suchten. Im Uhrenmuseum gibt es etwa 1.600 Exponate, welche teilweise noch funktionstüchtig sind. Erstmals 1564 erwähnt und erst 1992 stillgelegt, kann das Erzbergwerk Grund auf eine traditionsreiche Vergangenheit zurückblicken. 19 Millionen Tonnen silberhaltiges Blei- und Zinkerz wurden bis dato zu Tage gebracht.

All kinds of sights worth seeing are to be found here, as you can tell by the signpost. The drip stone cave is what is left of a coral-reef, discov-ered 450 years ago by miners looking for iron-stone. The Clock Museum, presents about 1,600 exhibits, which are partially functional – from a wristwatch to a huge church clock. First recorded in 1564, the Grund mine was worked until 1992. The mine can look back on a past steeped in tradition, with 19 million tons of silverbearing zinc and lead orebrought to the surface to date.

Bad Grund offre diverses curiosités sur un espace restreint. Découverte au XVIe siècle par des mineurs extrayant du fer oxydé, la grotte de concrétions (Tropfsteinhöhle) est le vestige d'un récif corallien. Le musée de l'horlogerie abrite plus de 1600 pièces d'horlogerie dont beaucoup fonctionnent encore. Exploitée de 1564 à 1992, la mine Grund, raconte une page importante de l'histoire de la région. 19 millions de tonnes de minerai de plomb et de zinc enrichis d'argent en furent extraits jusqu'à sa fermeture.

△ Walpurgisnacht, das Harzspektakel in der Nacht zum 1. Mai / Walpurgis night / Nuit de Walpurgis

△ Iberger Tropfsteinhöhle / stalactites cave Iberg / grotte de stalactites Iberg

Die Marktkirche St. Aegidien dominiert das Fachwerkstädtchen Osterode, das „Tor zum Südharz". Unter den vielen bunten Fachwerkhäusern ist die Ratswaage (1550) das älteste Fachwerkhaus. – Schloss Herzberg gefiel Heinrich dem Löwen und um seine Vormacht in Schwaben zu stärken tauschte er es 1158 mit Kaiser Friedrich Barbarossa. Heute steht hier noch das größte Schloss in der Fachwerkbauweise Niedersachsens und eines der bedeutendsten Baudenkmäler der Harzregion so, wie vor 500 Jahren. Ab 1617 war es Residenz des Hauses Hannover. 1866 ging Herzberg und das Welfenschloss in die Hand Preußens über.

The church of St Aegidius dominates the timbered buildings of Osterode, gateway to the southern Harz. The Ratswaage is the oldest of the many painted half-timbered houses in the town. – The royal residence was favoured by Henry the Lion, and in order to assert his authority in Swabia he acquired it in an exchange with Emperor Barbarossa in 1158. The present building has stood here since 1510. It is the oldest mansion in Lower Saxony displays typical local half-timbering and is one of the most important historical monuments in the Harz.

L'église Saint-Agidien domine Osterode, la « porte du Harz méridional ». La « Ratswaage » (poids et mesures) (1550) est la plus ancienne des nombreuses maisons à colombages de cette petite ville historique. – Le château des Guelfes plut tant à Henri le Lion, duc de Saxe et de Bavière, qu'il l'acquit de l'empereur Frédéric Barberousse en 1158. Le plus grand château à colombages de Basse-Saxe, un des monuments importants de la région du Harz, n'a subi aucun changement depuis 1510. Il devint la résidence des ducs de Hanovre en 1617.

Freundlich und ohne bemerkenswerte Sehenswürdigkeiten, einfach ein Straßendorf am Harzrand – oder nicht? Das Schöne ist versteckt. Die Einhornhöhle, zwei Kilometer nördlich des Ortes, ist mit einer Ganglänge von 600 Metern eine der großen Karsthöhlen. Nur die Einhornknochen, die angeblich in dieser Tropfsteinhöhle gefunden wurden und nach denen schon Goethe gesucht hatte, waren keine. Es waren Bärenknochen. Nach langer Suche nach dem Eiszeitmenschen fand man 1985 endlich eine Höhle die bereits vor 100.000 Jahren von Neandertaler bewohnt wurde.

It appears to be a friendly little town on the outskirts of the Harz, without any sights worth seeing. But is it really? The beauty is hidden. The Einhornhoehle (unicorn cave), two kilometres further to the north of the town and arisen during the Ice Age, is with its length of ways with 600 metres one of the larger karst caves. The unicorn bones, that were supposedly found in this drip stone cave and that even Goethe searched for, were in fact bones of bears. In 1985 a search for human remains from the Ice Age revealed that Neanderthal men inhabited this spot 100,000 years ago.

Situé en bordure du Harz, ce village modeste et hospitalier ne possède pas de curiosités particulières. Ses beautés restent à l'abri. La grotte de la Licorne, située à 2 kilomètres, au nord de la localité, tire son origine de l'époque glaciaire. Avec une longueur de plus de 600 m, elle représente la plus grande grotte de karst. On ne trouva jamais d'os de licorne, que même Goethe aurait cherché, mais des ossements d'ours dans la grotte de stalactites et stalagmites. En 1985, on y découvrit des traces de l'homme du Neandertal, datant de 100 000 ans.

Irgendwie hat man sich Quellen immer anders vorgestellt. Zwischen Schwarzerlen und Weiden führt der Weg südlich von Herzberg bei Rhumspringe zu einem See, einem Quellweiher eigentlich, 30 Meter breit und neun Meter tief. Jede Sekunde entspringen hier durchschnittlich 2.500 Liter kristallklaren Wassers. Der Hauptquelltrichter wird von Sieber, Zorge und Oder gespeist, drei Flüsse, die im Südharzer Gipsgestein versickert sind, sich getroffen haben, und als Karstquelle wieder ans Tageslicht kommen.

Springs have always been thought of a little differently. The path that leads south from Herzberg near Rhumspringe takes you through alder trees and pastures to a lake. Well, a source lake really, 30 metres across and nine metres deep. Average 2.500 litres of crystal-clear water arise from here every second. The source is supplied with water from the Sieber, the Zorge and the Oder. Three rivers, that met as they seeped through gypsumstone, reappear as a spring.

En fin de compte, on s'attendait à autre chose en voyant cette source. Au sud de Herzberg, à proximité de Rhumspringe, prendre le chemin à travers les prés où l'on croisera des aulnes et où l'on arrivera à un lac qui n'est rien d'autre qu'un étang et qui a une largeur de 30 mètres et une profondeur de 9 mètres. Dans cette source, 2.500 litres d'eau cristalline jaillissent toutes les secondes. La source est alimentée par la Sieber, la Zorge et l'Oder. Ces trois rivières, qui s'écoulent en suintant dans les rochers gypseux du Sud-Harz, se rencontrèrent et puis formèrent une source.

Drei Türme krönen das Rathaus auf dem Obermarkt, das im 14. bis 17. Jahrhundert als stattlicher Fachwerkbau mit einer doppelgeschossigen Sandsteinlaube entstanden ist. Aber es ist nur eins von mehr als 600 Bürgerhäusern verschiedener Stilepochen, die in einmaliger Geschlossenheit im Kranz eines mehr als drei Kilometer langen Stadtwalles erhalten sind. Der so gleichmäßig wie gewollt in Schraubenform gedrehte Westerturm (1506) ist das einmalige Ergebnis eines Konstruktionsfehlers. Am Untermarkt befinden sich weiterhin gotische Kirchen, sowie Barock- und Jugendstil-Bauten in harmonischer Folge.

Three towers crown the town hall on the upper marketplace. It was built from the $14^{th}$ to the $17^{th}$ century as an imposing double story half-timbering with a sandstone leafy canopy. But it is just one of the around 600 town houses of different style epochs that have been preserved within the three kilometres long town wall: the spiralled Westerturm (1506) on the lower marketplace, Gothic churches, baroque and Art Nouveau.The regular form of the spirally shaped Wester tower was not in fact deliberate, but was the result of a construction error.

Trois tours couronnent l'hôtel de ville situé en hauteur de la place du marché. L'hôtel de ville, construit du XIV au XVII$^{e}$ siècle, est une splendide construction à colombages avec des arcades en grès à deux étages. Parmi les presque 600 autres maisons bourgeoises de style architectural et d'époques divers, cet hôtel de ville, situé à l'intérieur des remparts longs de trois kilomètres, forme un ensemble harmonieux et unique. La forme en spirale régulière de la tour occidentale n'était pas voulue; elle provient en fait d'une erreur de construction.

Einst als Lutterberg bekannt, ließ Graf Siegebodo II. auf dem Hausberg eine Burg errichten. Der Ort entwickelte sich mit dem Bergbau seit 1521, bis man erkannte, dass das zweite Standbein Bad Lauterbachs eine Kaltwasserheilanstalt sein sollte. — Unterhalb des Berges liegt Bad Sachsa, Bad seit 1905, aber Kurort bereits seit 1874. Überdurchschnittlich viele Sonnentage sorgen für Heilklima zwischen sanften Hügeln und Hängen. Neben dem gepflegten Kurpark gibt es die Badelandschaft Salztal-Paradies und viele andere Kurangebote.

In the 12th century Bad Lauterbach, formerly Lutterberg, was the seat of Count Siegebodo II, who built a castle on a local hilltop. After 1521 it became a mining town and from the 19th century, found a new commercial mainstay when it developed into a cold water spa. — With more than the average number of sunny days a year, Bad Sachsa offers a fitting climate for spa guests in peaceful surroundings of rolling countryside. Apart from the well-kept spa gardens, there is a bathers' paradise and an opportunity to ride in a horse-drawn carriage or go tobogganing.

Le comte Siegebodo II fit ériger un château à l'endroit jadis appelé Lutterberg. La localité se développa grâce à l'exploitation minière jusqu'à la découverte d'une source thermale en 1521, qui apporta à Bad Lauterbach une deuxième source de revenus. — Bad Sachsa, station climatique depuis 1874 et thermale depuis 1905 est favorisée par un nombre de jours ensoleillés bien supérieur à la moyenne. Outre son climat bénéfique, cette jolie ville nichée entre de paisibles collines offre un beau parc thermal et un complexe aquatique moderne. Un jardin des contes, des promenades en calèche ou en traîneau invitent à la détente.

Keine Stadt im Harz liegt höher – zwischen 600 und 900 Metern – und keine Straße in Europa ist steiler als die Herrenstraße mit 22 Prozent Steigung. Hier oben scheint die Sonne besonders lang und das sieht man an den üppig blühenden Wiesen des Hochplateaus. Hier im Nationalpark Harz werden besonders viele Wandermöglickweiten geboten. Von weitem sieht man schon das Wahrzeichen, den gelben Glockenturm. Wer ihn besteigt, wird mit einer herrlichen Aussicht über den Nationalpark belohnt.

At a height of between 600 and 800 metres above sea level, St Andreasberg is the highest town in the Harz. In addition, no road in Europe is steeper than Herrenstrasse, with a gradient of 22%. Up here there is more sunshine than in the valleys, and this is especially evident on the high plateau, with its lush flowering meadows. In the Harz National Park there is an abundance of hiking paths, and its best-loved landmark, the yellow bell tower, is visible from afar. Those who climb to the top of the tower are rewarded with a fine view over the National Park.

Située entre 600 et 900 mètres d'altitude, St. Andreasberg est la ville la plus élevée du Harz. En outre, la Herrenstrasse qui accuse un taux de rampe de 22% est la route la plus escarpée d'Europe. Le soleil brille longtemps à cet endroit, ainsi qu'en témoignent les grasses prairies fleuries du plateau. Le parc national du Harz offre ici de nombreux chemins de randonnées. On peut apercevoir de loin le clocher jaune, symbole de la ville. En grimpant à son sommet, on sera récompensé par une vue magnifique sur le parc national du Harz.

Hermann Löns und der Harzclub Hannover sollen zusammen dafür gesorgt haben, dass hier 1896 das erste Winterfest mit Wettläufen auf Skiern stattfand. Heute wird ein umfangreiches Angebot an Wintersportmöglichkeiten angeboten; von Alpin Ski mit dem großzügigsten Skigebiet im Harz, Langlauf mit gespurten Loipen über Winterwandern auf ausgedehnten Wegen und Rodeln, wird für jeden mit den unterschiedlichsten Schwierigkeitsgraden etwas geboten. Natürlich wird in den gemütlichen Berghütten auch für die Verschnaufpause eine zünftige Jause geboten.

Hermann Löns and the Hannover Harz Club are reputed to have been joint founders of the first winter sports festival that took place in St Andreasberg in 1896. At that time there was only ski racing, but today a wide range of winter sports is on offer, with something for everyone: alpine skiing in the largest skiing area in the Harz, cross country skiing on prepared ski trails, winter hiking on an extensive network of paths, and sledging. Everyone is catered for, and of course the cosy ski lodges provide not only a breathing space but also a hearty snack.

Hermann Löns et le club du Harz à Hanovre initièrent le premier festival de sports d'hiver, avec courses à skis, qui eut lieu en 1896. Aujourd'hui, la station offre de nombreuses activités hivernales telles que le ski alpin dans le plus vaste domaine skiable du Harz, le ski de fond sur pistes balisées, les randonnées d'hiver et la luge sur des parcours plus ou moins difficiles. N'oublions pas non plus les refuges conviviaux qui accueillent les sportifs fatigués ou affamés.

Gipfeltreffen auf dem Wurmberg, das ist harmloser als es klingt. Der Große Wurmberg (971 Meter) war wie der Achtermann (926 Meter) Hausberg der Braunlager, als der Brocken nicht erreichbar war; und so bleiben sie ihm treu. Das Gipfeltreffen ist eine Wanderung mit Gottesdienst, und im Sommer gibt es Skispringen, allerdings auf Mattenschanzen. Im Winter ist hier Skispringen mit Weiten von 80-90 Meter möglich. 15 Minuten braucht man mit der Seilbahn hinauf. Von oben hat man einen wunderbaren Blick auf den Brocken und den Nationalpark Harz.

The meetings at the summit are lot more harmless than they sounds. The Grosse Wurmberg (971 metres) and the Achtermann (926 metres) were the mountains that the people of Braunlage considered theirs, during the period that the Brocken was not accessible to them. And the people are faithful. The meetings at the summit consist of a walk and a church service and in summer there is even ski-jumping with jumps made of mats, in winter ski-jumping within a range of 80 - 90 meters is possible here. The cable car takes 15 minutes to reach the top.

Les rencontres au sommet du Wurmberg sont tout à fait inoffensives. Comme l'Achtermann (altitude de 971 mètres), la lourde bosse boisée du Wurmberg (altitude de 972 mètres) fut la montagne des habitants de Braunlage aussi longtemps que le Brocken resta inaccessible. Et depuis, ils lui sont restés fidèles. L'hiver, on peut pratiquer le saut à skis depuis un tremplin de 90 mètres. La montée en téléphérique dure un quart d'heure. Une vue magnifique sur le Brocken et le parc national s'offre depuis le sommet.

Ob nun Broken, Brockenberg, Brochelsberg oder Brocken, der genaue Ursprung des Namens ist bisher ungeklärt. Den Gipfel zu Fuß zu ersteigen ist ein ganz schöner „Brocken" Wanderarbeit, aber seit dem 27.03.1899 ist es möglich, den höchsten Berg Norddeutschlands (1141 m) bequem mit der Brockenbahn zu erreichen. 1890 legte Prof. Dr. Albert Peter den ersten Alpenpflanzengarten auf dem Brocken an, für Forschungszwecke und als Lehrmittel. Oft umhüllt sich der Berg mit Nebel und bietet so genügend Möglichkeiten, der Fantasie um Mythen und Sagen freien Raum zu lassen.

Although the name Brocken has many variations – Broken, Brockenberg, Brochelsberg – the true origin of the name remains a mystery. Since 27 March 1899 it is has been possible to reach the top of North Germany's highest mountain (1141 metres) by rail. In 1890 Professor Dr. Albert Peter laid out the first Alpine garden on its slopes, to be used for research and educational purposes. As the Brocken is often shrouded in hill fog, it is hardly surprising that it has inspired a host of macabre tales about witches and supernatural beings.

Jusqu'à aujourd'hui, on ignore l'origine du nom du sommet appelé Brocken qui signifie 'morceau'. De fait, on s'attaque à un gros morceau quand on gravit le Brocken! Toutefois, depuis 1899, un téléphérique emmène confortablement à la cime de la plus haute montagne (1141 m) du nord de l'Allemagne. En 1890, le professeur Albert Peter créa, sur un flanc du Brocken, le premier jardin de plantes alpines, destiné à la recherche et l'enseignement botaniques. La montagne est souvent enveloppée de brouillard, et il s'en dégage une atmosphère mystérieuse qui a engendré nombre de mythes et de légendes.

Umgeben von herrlichen Wäldern und bizarren Felsen, direkt am Fuße des Brockens, bietet Schierke das breite Angebot für aktiven Urlaub und angenehmes Kuren, ob im Sommer oder Winter. Der idyllische kleine Harzort lädt zum Verweilen ein und einmal im Jahr zur Walpurgisnacht. Die zahlreichen Wanderwege führen zu den Feuerstein- oder Schnarcherklippen oder hinauf zum Brocken. Wer eine unvergessliche Reise in die Vergangenheit unternehmen will, lässt sich von den dampfenden Stahlrössern der Schmalspurbahn den Harz näher bringen.

Schierke, situated directly at the foot of the Brocken, is surrounded by enchanting woodland scenery and bizarre rock formations. The area offers a wide range of activities and restful health cures in both summer and winter. This idyllic little Harz town has a relaxing holiday atmosphere, and the exciting annual Walpurgis night celebrations should not be missed. Numerous marked footpaths lead to the Feuerstein and the Schnarcher cliffs or to the Brocken. For an unforgettable journey into the past, board a steam train of the narrow-gauge railway to explore the lesser-known beauties of the Harz.

Niché au pied du Brocken et entouré de forêts splendides, Schierke est un endroit de villégiature et de cure climatique idéal, été comme hiver. Cette petite localité idyllique du Harz offre autant des vacances actives que de détente. Chaque année, on y célèbre la nuit de Walpurgis, durant laquelle les sorcières se réunissaient. De nombreux chemins de randonnées mènent à des sites de rochers aux formes étranges ou vers le sommet du massif du Brocken. Le petit train tiré par une locomotive à vapeur promet un voyage inoubliable dans le passé.

Was für ein Glück! An mehr als 300 Tagen im Jahr ist der Gipfel des 1.142 Meter hohen Berges verhüllt, der Wanderweg endet im Wolkenmeer. Um so schöner und weiter ist die Aussicht an solchen Tagen. Der ehemalige Brockenwirt, Eduard Nehse, hat bei guter Fernsicht 89 Städte und 668 Dörfer im Umkreis zählen können, so heißt es. Jeden Ort zwischen Hannover und Leipzig konnte er ausmachen. Leise Zweifel seien gestattet, aber was macht das schon, der Ausblick ist einfach überwältigend!

What luck! On over 300 days per year the 1142 metres high mountain is overcast, the path leading into a sea of clouds. The view is all the more beautiful on days like these. It is said, that the old Brocken-landlord Eduard Nehse counted 89 towns and 668 villages on clear days, every town between Hannover and Leipzig. Many have doubted this, but, regarding the overwhelming view, it's quite irrelevant. Even if the distant clouds are not the Alps.

Haut de 1142 mètres, le massif du Brocken est voilé de brume 300 jours par an ; son chemin de randonnée aboutit dans une mer de nuages. Mais durant les jours de temps clair, une vue impressionnante s'offre depuis le sommet du Brocken : Eduard Nehse, qui vivait sur les lieux, affirmait pouvoir distinguer 89 villes et 668 villages, toutes les localités situées entre Leipzig et Hanovre, quand la vue était dégagée. On peut avoir quelques doutes sur ses dires, mais ce n'est guère important quand on a la chance de pouvoir admirer l'immense panorama sur la région.

13 Millionen Kubikmeter Wasser wurden gestaut, um Goslar, Oker, Braunschweig und Wolfsburg mit gutem Trinkwasser zu versorgen. Die Talsperre wurde 1942 fertiggestellt und mit einer 235 Meter langen und 60 Meter hohen schwergewichtigen Staumauer umgeben. Der See ist nicht mit dem Auto zu erreichen. Das weiße Gestein am östlichen Talsperrenuferweg ist Eckergneis, welches durch seine Färbung im vorherrschenden Granit besonders auffällt. Es wird angenommen, dass es sich hier um das älteste Harzgestein überhaupt handelt.

13 million cubic metres of water are damned up here, in order to provide Goslar, Oker, Braunschweig and Wolfsburg with clean drinking water. The huge, 235 metres long and 60 metres high wall was erected in 1942. The lake cannot be attained with the car. The white rock on the east of the dam is acorn gneiss. Between the predominating granite, it is easily visible by its colour. It is assumed, that it may be the oldest Harz stone ever, pressed to the surface during an earlier period of mountain formation.

Ce lac de retenue, ayant un plan d'eau de 13 millions de mètres cubes, alimente les villes de Goslar, d'Oker, de Braunschweig et de Wolfsburg en bonne eau potable. En 1942, il fut déjà clôturé d'un mur à poids considérable ayant 235 mètres de largeur et 60 mètres de longueur. Le lac ne peut pas être atteint avec la voiture. La roche blanche, située à l'est du chemin sur berge du barrage et qui saisit fortement de par sa couleur tapissant le granit dominant est du gneiss. On suppose qu'il s'agit du plus ancien rocher du Harz.

Wenn es so richtig kalt ist und der Schnee in der Sonne glitzert, dann leben die Huskys, Grönlandhunde und andere Zugtiere erst richtig auf. Sie wurden gezüchtet um unter extremen Bedingungen Höchstleistungen zu bringen, daher ist ihr Bewegungsdrang außerordentlich. Jedes Jahr finden am Brocken Hundschlittenrennen mit reinrassigen Alaskan Malamuten, Grönlandhunden, Samojeden und Siberian Huskys statt. Mit bis zu 40 Stundenkilometern rennen die Gespanne über die verschneite Landschaft in verschiedenen Gespannen und Distanzen.

When it is freezing cold outside and the snow sparkles in the sunshine, that's the time when Huskies, Greenland Dogs and other working breeds find a new lease of life. They are bred to achieve to peak performance under extreme conditions, and thus possess a powerful urge to be on the move. Every year, sled dog races are held on the Brocken, with pure-bred Alaskan Malamutes, Greenland Huskies, Samoyed dogs and Siberian Huskies. The teams speed over the snow-covered landscape at a speed of up to 40 k.p.h. in different combinations and over various distances.

Les huskys, les chiens du Groenland et autres races nordiques s'en donnent à cœur joie quand il fait bien froid et que la neige brille sous le soleil. Entraînés pour fournir les meilleures performances, ces chiens robustes, habitués aux conditions extrêmes, ont un énorme besoin de mouvement. Chaque année, les courses de chiens de traîneaux qui se déroulent au Brocken réunissent des chiens de race tels que les malamutes d'Alaska, les chiens du Grönland, les samoyèdes et les huskys sibériens. Atteignant une vitesse de 40 km/h, les équipages de tous genres foncent à travers les paysages enneigés sur diverses distances.

Man weiß ja nie genau, was sich auf dem Brocken tut, zu groß ist die Zahl der Legenden und Märchen. Goethe hat ihn im „Faust" zwar zum literarischen Ort gemacht, an dem Hexen und Teufel sich zu Orgien vereinen, aber das hält man erst für möglich, wenn die weiße Pracht getaut ist und der Wind mit isländischen Temperaturen die Bäume beugt. Während der DDR-Zeit ging es geheimnisvoll weiter, denn eine Abhöranlage ermöglichte eine umfangreiche Spionage. Heute ist der Gipfel beliebtes Ausflugsziel und dient zivileren Aufgaben, wie der Forschung.

You can never be too sure on the Brocken, regarding the amount of fairytales and legends. Goethe made it a literary scene in "Faust", where witches united with the devil to celebrate orgies, but that is hard to believe, until the snow thaws and the freezing wind bends the trees. It maintained a shadowy existence before the fall of the Berlin Wall, for such facilities provided ample opportunities for espionage. Today the peak is a popular visitor attraction and is used for civil purposes and for research.

Étant donné qu'un grand nombre de légendes et de contes circulent sur le Brocken, on ne sait pas ce qu'il s'y passe vraiment. Goethe en a certes fait un lieu littéraire avec la scène de Faust dans laquelle des sorcières sont accusées d'avoir participé à des orgies démoniaques mais on a peine à y croire. Le sommet où était installé un poste émetteur d'écoute servant à l'espionnage à l'époque de la RDA, n'est plus un endroit secret. Les installations sont aujourd'hui utilisées pour la recherche scientifique et l'endroit est devenu un but d'excursion très prisé.

Eine radelnde Hexe, den Besen im Gepäck, führt zum „Radwanderweg 1", oder man geht zu Fuß. „Blochhauer" heißt der Wanderpunkt, der unterschiedliche Wege ausweist natürlich auch den zum Brocken, von der „Ilse" plätschernd begleitet. Der Ort allerdings ist nach Elysine benannt, dem alten deutsche Wort für Erle. In der bezaubernden Landschaft des Ortes und der Umgebung findet man das Schloss-Hotel Ilsenburg, ein Kloster, das spätbarocke Jagdhaus Plessenburg mit Wanderstation in den naheliegenden Wirtschaftsgebäuden und Gießerei, wo man Industriegeschichte live erleben kann.

A witch on a bike, with her broom in her luggage, leads to the "Radwanderweg 1". You can also follow the trail called "Blochhauer" on foot if you wish. The path leads to different destinations, the Brocken naturally being one of them, where you are accompanied by the splashing of the Ilse. The town is named after "Elysine", the old German word for alder. In the beautiful scenery of the landscape you can find an castle with an hotel inside, a monastery, the hunting lodge Plessenburg with a ramblers rest near by. Experience even industrial history live in a foundry.

En suivant le panneau où figure une sorcière à bicyclette avec un balai dans son porte-bagages, on atteindra le chemin touristique pour cyclistes n°1 (« Radwanderweg 1 »). On peut également y aller à pied. Le plan d'orientation, sur lequel sont schématisées les diverses directions empruntables, s'appelle « Blochhauer ». L'endroit porte le nom d'Elysine qui n'est rien d'autre que l'ancien terme allemand signifiant aulne. On y trouvera également les ruines d'un ancien château, une abbaye, le château de Plessen de style baroque tardif et un pavillon de chasse.

3 km östlich von Ilsenburg liegt Drübeck mit seinem 960 erstmals erwähnten Benediktinerkloster St. Vitus. Im Bauernkrieg und während des Dreißigjährigen Krieges wurden das 1540 in ein ev. Kanonissenstift umgewandelte Kloster sowie die Kirche schwer beschädigt. Die heutige Klosterkirche entstand im 11. Jh. an der Stelle zweier Vorgängerbauten. Eine Leinenstickerei mit biblischen Szenen in 21 Felder gestickt, gehört zu den Kostbarkeiten des Klosterbesitzes. Die alte Linde im Klosterhof ist über 250 Jahre alt; ihre Krone überspannt den ganzen Klosterinnenhof.

The existence of the Benedictine convent of St Vitus in Drübeck, only three kilometres east of Ilsenburg, was first recorded in 960. St Vitus, which in 1540 was converted to a foundation for Protestant canonesses, suffered considerable damage during both the Peasants' War and the Thirty Years' War. The present-day convent church dates from the 11th century, on the site of two former chapels. The fine lime tree in the cloisters is over 250 years old and its crown covers the whole cloister yard.

Drübeck qui s'étend à 3 km à l'est d'Ilsenburg, possède un ancien couvent de bénédictins, St.Vitus, mentionné pour la première fois en 960. Le couvent, qui devint un établissement de l'Église réformée en 1540, fut gravement endommagé, ainsi que son église, durant la guerre des paysans et la guerre de Trente ans. L'église actuelle restaurée fut à l'origine construite au XIe siècle ; elle succédait à deux autres églises précédentes. Le vieux tilleul qui ombre la cour du couvent, a plus de 250 ans.

In Wernigerode kann die Fahrt mit der über hundert Jahre alten Schmalspurbahn beginnen. Auf einer Spurweite von einem Meter schnauft die alte Dame ganz behende zum Brockenbahnhof, lehnt sich auf 14 Kilometern mutig in die 70 Kurven und hat keine Mühe, sogar eine Haarnadelkurve mit einem Radius von 60 Metern zu bewältigen. Gelegentlich nimmt sie das Tempo zurück, so dass man die sprichwörtlichen Blumen pflücken kann. Auf diese Weise erschließt sich dem Reisenden die zerklüftete Gebirgswelt, denn der Harz verfügt über ein einzigartiges Streckennetz.

The trip in the over one hundred year old narrow-gauge railway starts in Wernigerode. On a track gauge of one metre, the old lady huffs and puffs nimbly through 70 bends and has no difficulties taking a hair pin curve with a radius of 60 metres, up to the Brocken station. Well, sometimes it does slow down, so that you can almost pick the flowers, but it does make the ascent of the Brocken a lot easier. The Harz has a unique railway network which allows visitors access to the remoter regions of its wild and rugged mountain landscape.

Le trajet dans le train à vapeur en activité depuis plus de 100 ans commence à Wernigerode. Sur une voie d'écartement d'un mètre, le train historique halète en direction de la gare du Brocken. Il accomplit avec bravoure un parcours de 14 kilomètres comprenant 70 virages et n'éprouve aucune difficulté à surmonter un virage en épingle à cheveux de 60 mètres. Voici un moyen de découvrir les paysages uniques de roches et de forêts de cette splendide région, car le Harz dispose d'un réseau de chemin de fer sans pareil.

Die „bunte Stadt am Harz", am Nordrand des Harzes gelegen, strahlt eine einzigartige Faszination an Schätzen der Fachwerkkunst aus. Das älteste erhaltene Haus ist bereits von 1400, aber auch das „kleinste Haus" (um 1750) mit $10 m^2$ Wohnfläche, welches einst von 9 Personen bewohnt wurde und viele andere Fachwerkbauten berichten aus alten Zeiten. Hoch über der Altstadt thront das Schloss. Anfänglich Burg des frühen 12. Jh. wurde sie über die Jahrhunderte mehrfach umgebaut und erweitert. Heute kann man die fürstlichen Gemächer des Grafen Otto zu Stolberg-Wernigerode besichtigen.

With its superb examples of half-timbered architecture, this colourful town, situated on the northern border of the Harz region, radiates its own unique atmosphere of a bygone age. The oldest house dates from 1400, but there are many more to admire, such as the "smallest house" (around 1750) where nine people squeezed into a mere ten square metres of living space. Situated high above the Old Town, the castle, which dates from the early 12$^{th}$ century, has been extended and rebuilt many times over the centuries.

Située à la lisière nord du Harz, la jolie ville de Wernigerode fascine par sa foison d'édifices à colombages qui témoignent des temps passés. La plus ancienne maison à pans de bois d'origine date de 1400. La plus pittoresque s'appelle « kleinste Haus », une demeure minuscule de 10 mètres carrés, construite vers 1750, dans laquelle vivaient 9 personnes. Le château couronne le quartier de la vieille-ville. Il fut d'abord un château fort, bâti au XII$^{e}$ siècle, puis transformé et élargi plusieurs fois au cours des siècles suivants.

Ratskeller
Hasseröder
Hasseröder
Hasseröder
Café

Ein Bilderbuchrathaus, welches seine heutige Gestalt mit Erkertürmen und Walmdach erst durch einen Umbau im 15. Jh. bekam. Es lohnt sich genau hinzusehen: 33 Narren, Geistliche, Tänzer und Musikanten sind zu sehen – es war einmal Spielhaus für Feierlichkeiten jeder Art. — Nicht etwa aufgrund der hohen Niederschlagsrate heißt der Ort Elend, nein dies ist zurück zu führen auf „eli-lenti", was so viel heißt wie: fremdes Land. Eine Besonderheit ist die kleinste Holzkirche Deutschlands auf dem Dorfplatz. Das 1897 im neugotischen Stil erbaute Kirchlein misst nur fünf mal elf Meter.

This picture-book town hall, with spired oriels and a hipped roof, was originally a place of entertainment. It owes its present appearance to renovations in the 15th century. The ornamentation is worth a closer look, with 33 jesters, clergymen, dancers and musicians. — The name of the district of Elend (Wretched) derives not from high rainfall levels but from "Eli-Lenti", meaning "strange land". Germany's smallest wooden church, at the centre of the village, is a special attraction. Built in Neo-Gothic style in 1897, it measures no more than 5 x 11 metres.

Semblant sortir d'un conte de fées, l'hôtel de ville fut reconstruit au XVe siècle avec des tours en encorbellement et un toit en croupe. 33 figures de religieux, mais aussi de bouffons, danseurs et musiciens ornent la façade, dévoilant qu'autrefois l'édifice était un établissement de jeux, scène de toutes sortes de festivités. — La localité ne s'appelle pas Elend (Misère) parce qu'il y pleut beaucoup, son nom est dérivé de « eli-lenti » qui signifie autre pays. La plus petite église en bois d'Allemagne se dresse sur la place du village. Bâtie en 1897 en style néogothique, elle ne mesure que 5x11 mètres.

Lustig plätschert der Bachlauf durch die idyllische Landschaft am Fuße des Wurmberges. Doch die steilen Hänge des Berges und die damit verbundenen waghalsigen Touren für Mountenbiker, sind für so manch einen eine echte Herausforderung. Oder das Bikefliegen von der Mattenschanze ist auch eher außergewöhnlich. Hier weiß man nicht nur im Winter die tollsten Ideen, wie Nacktrodeln bei Eiseskälte zu inszenieren. — Beeindruckend ist auch die Entdeckung der Rübeländer Tropfsteinhöhlen, welche sich in der kalkhaltigen Gegend zu echten Naturschönheiten entwickeln konnten.

A stream rushes merrily through the idyllic landscape at the foot of the Wurmberg heights. To tackle the steep slopes of the mountain with their rough paths can prove a considerable challenge, especially for adventurous mountain bikers, and just occasionally you might spot enthusiasts who go mountain bike jumping on the Mattenschanze ski jump. In winter as in summer, a number of amazing events are staged here, such as nude sledging in icy-cold weather conditions. — The impressive Rübelander limestone caves are full of striking natural formations.

Le ruisseau serpente joyeusement à travers la campagne idyllique au pied du Wurmberg. Les versants abrupts du massif sont de véritables défis pour les randonneurs en VTT. Mais pratiquer le bike flying (vélo volant) au tremplin de Matten procure bien davantage d'émotions fortes. Parmi les autres idées de sports insolites populaires au Brocken, citons aussi les descentes en luge en costume d'Adam, par froid glacial. — Beautés naturelles impressionnantes, les grottes de stalactites et stalagmites de Rübeländer se sont peu à peu creusées dans le sol calcaire de la région.

△ Baumannshöhle mit Höhlenbär-Skelett

▽ Goethesaal (40 x 60 Meter) mit einem kristallklaren See

Die Rappbodetalsperre, die größte im Harz, gehört zu einem Talsperrenverbundsystem. Die imposante Staumauer, die höchste im ganze Land, staut bis zu 109 Millionen m³ Wasser. Die Talsperre dient der Trinkwasserhaltung, sowie der Stromerzeugung durch Wasserkraft. Gespeist wird die Talsperre von der Rappbode, einem Nebenfluss des bekanntesten Flusses im Harz, der von der Talsperre aus in die Bode mündet. Die Bäche und Flüsse der Höhenlagen des Harzes haben sich ihren Weg durch die Felsen des geschnitten und diese wildromantisch geprägt.

The Rappbode reservoir is the largest in the Harz, and belongs to a combined system of reservoirs. The imposing dam wall is the highest in Germany and can contain up to 109 million cubic metres of water. The reservoir is used for drinking water and for the production of hydro-electric power. It is fed by the River Rappbode, a tributary of the most famous river of the Harz, the Bode; the Rappbode joins the Bode just below the dam. The streams and rivers of the high-lying areas of the Harz have scoured their way through rock to create wild, romantic scenery.

Faisant partie d'un système de barrages de retenue, le barrage de Rappbodetal est le plus grand du Harz. L'imposant mur de retenue, le plus haut d'Allemagne, retient jusqu'à 109 millions m³ d'eau. Le barrage est un réservoir d'eau potable et fournit de l'électricité hydraulique. Il est alimenté par la Rappbode, un affluent de la Bode, la rivière la plus connnue du Harz, dans laquelle il se jette à la sortie du barrage. Les ruisseaux et rivières des plateaux du Harz ont creusé leurs lits à travers la roche et créé des vallées aux paysages romantiques.

## KLOSTER MICHAELSTEIN

Das Kloster Michaelstein (1147) zählt heute zu den bedeutendsten Kultureinrichtungen in der Region. Die gut erhaltene Klosteranlage beherbergt die Musikakademie Sachsen-Anhalt, welche den Studierenden hervorragende Voraussetzungen für ein ungestörtes Kurs- und Probenarrangement in herrlicher Lage bietet. Bemerkenswerte Konzertveranstaltungen werden von der Stiftung geboten, sowie eine großartige Musikinstrumentensammlung im Museum. Der großzügige Kräutergarten bietet über 260 Arten eines mittelalterlichen Kräutergartens Platz.

## MICHAELSTEIN MONASTERY

Michaelstein monastery (1147) is now regarded as one of the most important cultural establishments of the region. Its well-preserved buildings house the Saxony-Anhalt Music Academy, where students are offered excellent conditions for courses as well as for practising and rehearsing; here they can work undisturbed in a beautiful location. The foundation organizes notable concerts and also possesses a museum with a splendid musical instrument collection. The extensive herb garden is home to over 260 kinds of herbs once grown in medieval monastery gardens.

## ABBAYE DE MICHAELSTEIN

L'abbaye de Michaelstein (1147) compte parmi les lieux culturels importants de la région. Les édifices bien conservés abritent le conservatoire de Saxe-Anhalt ; ils offrent aux étudiants des conditions idéales de calme et un cadre superbe pour pratiquer les arts musicaux et répéter en toute tranquillité. L'abbaye est en outre réputée pour ses concerts remarquables et son musée où est exposée une splendide collection d'instruments de musique. Déjà cultivé au Moyen Âge, le vaste jardin d'herbes aromatiques abrite plus de 260 variétés de plantes.

Im Schutze der Burg auf dem Blankenstein (ein Kalksteinmassiv) entwickelte sich Stadt Blankenburg so gut, dass um 1305 eine Stadtmauer errichtet wurde. Durch die Wirren der Kriege verlor die Stadt an Bedeutung und verarmte. Im 17. Jahrhundert begann eine neue Blütezeit mit welcher auch das Schloss mit einem Schlosspark entstand. Die Grafschaft wurde zum Fürstentum erhoben, welches durch die geschickte Verheiratung der Töchter des Herzogs begünstigt wurde. Es kam die Zeit des Bergbaus und der Industrie, welche die Stadt weiter voranbrachten.

The town of Blankenburg grew up in the shadow of the castle on the Blankenstein, a limestone massif. Blankenberg flourished, and in about 1305, a defensive wall was erected round the settlement. Through the upheavals of war, the town lost its importance and sank into poverty. In the 17th century it again rose to prosperity, and during this time the palace was built, with a surrounding park. Blankenburg became a dukedom that benefitted further from the favourable marriages of the Duke's daughters. Later, mining and industry became the mainstay of its wealth.

Protégée par le château fort qui se dressait sur le massif calcaire du Blankenstein, Blankenburg connut un développement si prospère qu'un mur d'enceinte fut construit en 1305. Mais la ville perdit de son importance et s'appauvrit après avoir subi plusieurs guerres. Elle retrouva une certaine richesse au XVIIe siècle, ainsi qu'en témoigne le château entouré d'un parc. Le comté devint une principauté grâce à de judicieux mariages des filles de la famille ducale. Plus tard, l'exploitation minière et l'industrie participèrent à l'épanouissement de la ville.

Burg Regenstein ist eine imposante Ruine auf steilen Sandsteinfelsen. Man kann den früheren Grundriss noch erkennen. Seit Jahrhunderten ist man hier froh, dass das Geschlecht der Grafen von Regenstein ausgestorben ist, gehörten sie doch zu den besonders lästigen Wegelagerern, unter deren Raubzügen die ganze Umgebung litt. Einige ihrer imposanten Grabsteine kann man in der Blankenburger Bartholomäikirche besichtigen. Auf dem Burggelände finden heute Ritterspiele statt.

An imposing ruin on the top of steep sandstone cliffs. You can make out the former outline. The people here have been glad for centuries, that the house of the Count of Regenstein has died out, seeing as they were exceptionally cheeky highwaymen, who committed their series of robberies in the entire surrounding area. Some of their imposing tombstones can be seen in the Blankenburger Bartholomäikirche. On the castle area today knight plays take place.

Cette imposante ruine repose sur des rochers de grès abrupts. On peut distinguer l'ancien plan d'ensemble. Depuis que la lignée des comtes de Regenstein s'est éteinte, il y a quelques siècles de cela, les habitants y mènent une vie paisible. Les comtes de Regenstein, qui s'adonnaient à des expéditions criminelles, étaient des voleurs effrontés de grand chemin qui terrorisaient la région entière. L'église Bartholomäi de Blankenburg abrite d'imposants tombeaux de ces seigneurs-brigands. Des tournois de chevalerie se déroulent aujourd'hui au château.

Zuschauer und moderne Ritter – in einer Kluft, die das Mittelalter wieder lebendig werden lässt – genießen heute den weiten Blick ins Land. Das Geheimnis der Burg Regenstein ist das gleiche wie das anderer Harzburgen, deren Bewohner zu Recht Rache fürchteten: Sie sind für den Besucher erst sehr spät auszumachen. Auf Regenstein mussten Bauern und Handwerker die Gemächer praktisch wie Räuberhöhlen in den Felsen hauen. Mit etwas Fantasie kann man sich das damalige Burgleben noch vorstellen.

Today, spectators, as well as modern knights, dressed in medieval costumes, enjoy the spectacular view. It is very difficult for most visitors to make out the secrets of the castles in the Harz. Farmers and craftsmen in Regenstein had to make their own living quarters. They dug it into the rock and lived in caves. You can still picture how life in the castle must have been, if you use your imagination. Careful, it can become dangerously slippery when it rains.

Aujourd'hui, spectateurs et chevaliers en costumes médiévaux jouissent de la vue spectaculaire sur la campagne environnante. Le secret qui entourait Burg Regenstein et bien d'autres châteaux du Harz ne se révèle pas à première vue aux visiteurs : leurs habitants vivaient toujours dans la crainte d'actes de vengeance. Aussi, les paysans et artisans habitaient pratiquement dans des caves puisqu'ils creusaient leurs logis dans la roche pour se protéger. Avec un peu d'imagination, on peut se représenter la vie de jadis au château.

Sagenumwoben war der Harz schon von jeher und so erzählt man heute noch die Geschichte der schönen Königstocher Brunhilde, welche im Bodetal hoch zu Ross unterwegs war, sie sah sich gezwungen vor dem wilden Böhmenkönig Bodo zu flüchten. Man kann sich ihr Erschrecken vorstellen, als das Pferd vor einer Schlucht scheute. Sie gab ihm die Sporen, es flog über den Abgrund und erreichte das andere Ufer. Man kann den Abdruck des Pferdehufes natürlich heute noch genau erkennen. Bodo stürzte in die Schlucht. Nach ihm wurde der Fluss benannt.

The Harz has always been a region steeped in legend, and even today you will hear the story of the beautiful king's daughter Brunhilde. It was here, that the beautiful king's daughter Brunhilde had to flee from the wild Bohemian king Bodo on her horse. You can imagine her fright, when her horse shied away from a ravine. She spurred the horse, it flew over the abyss and reached the other side. You can still clearly see the hoofprint. Bodo fell into the ravine, and has guarded the river, that carries his name, ever since.

Le Harz est entouré de légendes depuis la nuit des temps. Aujourd'hui encore on raconte l'histoire de la belle princesse Brunhilde : alors qu'elle parcourait à cheval la vallée de la Bode, elle dut s'enfuir devant le féroce roi Bodo de Bohême qui croisait son chemin. On peut s'imaginer la frayeur qui s'empara d'elle lorsque son cheval prit le mors aux dents devant un ravin. Elle éperonna sa monture et franchit le précipice saine et sauve. Les empreintes laissées par les sabots de son cheval seraient encore visibles. Quant à Bodo, il rata le saut, périt dans le ravin, mais laissa son nom à la rivière.

Im Nordosten des Harzes fällt das Gebirge steil ab, hier hat sich Thale am Fuße des Bodetals angesiedelt. Der Ort entstand wohl im Zusammenhang mit dem Kanonissenstift des Klosters Wendhusen (um 840). Schon 1445 entstand in die Thale die erste Eisenhütte und 1835 baute man das älteste Blechemaillierwerk Europas. Thale wurde sehr bekannt und produzierte zeitweise 10 % des gesamten weltweiten Bedarfs. Mit der Personenschwebebahn kommt man zum Hexentanzplatz. An diesem Kultort wird in der Nacht zum 1. Mai die Wald- und Berggöttin, die Hagedisen, verehrt.

In the north-east of the Harz, the mountains drop steeply down to the Bode valley. Here stands Thale, whose origins can be traced to the convent of Wendhusen, a foundation of canonesses dating from about 840. Ironworks existed here as early as 1445, and in 1835 Thale became the site of Europe's first sheet enamelling works, famed for manufacturing up to 10 % of the world's sheet enamel. A cable car transports you to the legendary witches' dancing ground, where on the night of May 1st there are festivities to honour forest and mountain goddesses named Hagedisen.

Située au nord-est du Harz, Thale s'étend au pied d'un versant abrupt du massif, dans la vallée de la Bode. L'origine de la ville remonte sans doute à un chapitre de chanoinesses dépendant du couvent de Wendhusen, fondé vers 840. Les premières forges de Thale datent de 1445 et la plus ancienne manufacture de fer blanc émaillé d'Europe y était créée en 1835 ; jusqu'à 10 % de la production mondiale y furent fabriqués à certaines périodes. Un funiculaire emmène au Hexentanzplatz, site de culte des sorcières où dans la nuit du premier mai, on vénère les « Hagedises », femmes chamanes des forêts et des montagnes.

Das Städtchen Gernrode ist idyllisch über mehrere Hügel verstreut, und auf einer Anhöhe liegt eines der schönsten erhaltenen Beispiele ottonischer Baukunst, die Stiftskirche St. Cyriakus. Sie wird der Kaiserin Theophano zugeschrieben, die sich 973 und 978 in Quedlinburg aufhielt. Viele Zeugen der Vergangenheit gibt es in Gernrode zu erkunden, wie auch die alte reformatorische Elementarschule (1533), eine der ältesten ihrer Art. Oder die Harzer Uhrenfabrik mit dem Riesenwetterhaus und das größte Holzthermometer der Welt mit einer Höhe von 7,45 Metern.

The idyllic little town of Gernrode is spread out over a number of hills. On one of these you will find one of the best preserved examples of Ottonian architecture, the collegiate church of St. Cyriakus. It is supposed to have been founded by Empress Theophano, who stayed in nearby Quedlinburg in 973 and 978. You can explore Gernrode's heritage in historic buildings such as the Protestant elementary school, founded in 1533 and one of the oldest of its kind. In Gernrode you will also find the largest wooden thermometer in the world, 7.45 metres high.

S'étendant dans un cadre idyllique sur plusieurs collines, la petite ville de Gernrode est dominée par un remarquable exemple d'architecture ottonienne : l'église collégiale de St-Cyriaque, dont la construction serait due à l'impératrice Theophano qui séjourna à Quedlinburg en 973 et 978. Gernrode abrite de nombreux édifices racontant son passé. Citons l'ancienne école élémentaire luthérienne de 1533, une des plus anciennes d'Allemagne, ou encore la manufacture d'horloges du Harz, réputée pour ses horloges à coucou, et où l'on peut voir la maison météo géante et le plus grand thermomètre en bois du monde haut de 7,45 mètres.

Harzgerode erhielt bereits 994 Markt-, Münz- und Zollrechte und wurde im 16. Jahrhundert Residenzstadt der Harzgeröder Linie des anhaltlichen Fürstenhauses. Das Schloss wurde als dreigeschossiger Bau im Renaissancestil erbaut und wird heute für Konzerte und Ausstellungen genutzt. Das Wahrzeichen des Ortes ist wohl der Turm der St. Marienkirche, welcher zu den ältesten Gebäuden von Harzgerode zählt. Auch das schöne Rathaus am Marktplatz hat über die Jahrhunderte schon einiges erlebt und nach Plänen von K.F. Schinkel wurde die Kapelle am Alexisbad errichtet.

Harzgerode received its charter as early as 994, endowing it with market, minting and toll rights. In the 16th century Harzgerode became the seat of the Harzgerode line of the Dukes of Anhalt. Their three-storey palace in Renaissance style is today used for concerts and exhibitions. The best-known local landmark is the tower of St Mary's church, one of the town's oldest buildings. The picturesque Town Hall in the market-place has witnessed many stirring events over the centuries. The chapel of the Alexis Baths was designed by the architect K. F. Schinkel.

Harzgerode reçut dès 994 ses droits de ville, de douane et de frapper monnaie. Au XVIe siècle, la ville devint la résidence de la lignée des Harzgeröde, branche de la maison princière d'Anhalt. Bâti sur trois étages dans le style Renaissance, le château accueille aujourd'hui des concerts et des expositions d'art. L'emblème de la ville est la tour de l'église Notre-Dame, un des plus anciens édifices de Harzgerode. Sur la place du marché, le superbe hôtel de ville a également des siècles d'histoire à raconter. La chapelle à Alexisbad fut construite d'après des plans du célèbre architecte K.F. Schinkel.

Nicht umsonst gehört Quedlinburg zum UNESCO-Welterbe, denn die Altstadt kann mit 1200 Fachwerkhäusern aus sechs Jahrhunderten aufwarten und ihr Grundriss ist beispielhaft für eine mittelalterliche Stadt. Herzog Heinrich schätzte Quedlinburg sehr und ließ sich hier eine Pfalz bauen. So soll es sich zugetragen haben, dass 919 unterhalb des Schlossplatzes eine Abordnung fränkischer und schwäbischer Fürsten ihm überraschend die Botschaft seiner Krönung zum König während des Vogelfangs überbrachten.

It has a reason that Quedlinburg is one of the UNESCO World Heritages. The honour is well-deserved, for the Old Town boasts 1200 half-timbered houses from six centuries, and the layout of the streets is a classic example of medieval town planning. Duke Henry attached great importance to Quedlinburg and built a palace here. An old story relates that in 919, while he was on a bird-catching expedition, a deputation of Frankish and Swabian dukes arrived at the Finkenherd, below the castle precincts, with the unexpected news that he was to be crowned king.

Il a une raison que Quedlinburg est l'un des patrimoines de l'UNESCO, et cette petite ville historique mérite cet honneur pour les 1200 maisons à colombages bien conservées de sa vieille-ville, qui furent construites sur six siècles, et aussi pour sa topographie médiévale exemplaire. Le duc Heinrich appréciait tant Quedlinburg qu'il y fit ériger une résidence. C'est ainsi qu'en 919, alors qu'il chassait au faucon au Finkenherd, en bas de la place du château, une délégation de princes francs et souabes vint le surprendre pour lui annoncer qu'il avait été couronné roi.

△ Einzug der hohen Herrschaften zum Reichstag ▽ Feuerlichter und Fakirkünste ▽ Kaisertafel zum Hoftag Ottos I. mit den Edelleuten und großem Spektakel △

## QUEDLINBURG, Rathaus

In Quedlinburg ist in jedem Winkel der historischen Altstadt die einstige Bedeutung des Ortes zu spüren. Vom 10. bis 12. Jahrhundert wurde an Ostern die Königspfalz von den ersten Königen, Kaisern und ihren Familien besucht. Das war für das Heilige Römische Reich Deutscher Nationen von großer Bedeutung und heute lässt man diese Stadtgeschichte wieder eindrucksvoll und weitgehend authentisch aufleben. Auftakt zu diesem Fest, welches im Frühjahr (Ostern, Mai/Juni) stattfindet, ist der feierliche Einzug des Kaisers und der Könige mit Gefolge (S. 73).

## QUEDLINBURG, town hall

The importance of Quedlinburg in former times can still be felt in every corner of the town's historic city centre. From the 10th to the 12th century, the first kings, emperors and their families visited the royal palace at Easter. Today, the story, which was of great importance for the Holy Roman Empire of German nations, is revived in an impressive and largely authentic manner. The festival is now held each May/June and starts with a festive entrance of the emperor and kings with their entourage.

## QUEDLINBURG, hôtel de ville

Chaque coin du quartier historique (Altstadt) de Quedlinburg rappelle l'ancienne importance de la ville. Du Xe au XIIe siècle, la localité qui était une résidence palatine, reçut à Pâques la visite des premiers rois, empereurs et leurs familles, jouant ainsi un rôle majeur durant le Saint Empire romain-germanique. Quedlinburg évoque cette période faste lors d'une grande fête historique qui a aujourd'hui lieu en mai/juin et commence par un cortège célébrant l'entrée de l'empereur, des rois et de la cour dans la ville.

## HALBERSTADT / HARZ

In Halberstadt wurde das erste Bistum auf dem Boden des heutigen Sachsen-Anhalts bereits in karolingischer Zeit gegründet. Einzigartig ist der frühgotische Dom St. Stephanus (1239-1491); er birgt einen weltberühmten Domschatz mit Reliquien und liturgischen Gewändern. Die Bischöfe residierten in Halberstadt über 800 Jahre. Das brachte der Stadt Ansehen und Wohlstand. Dies spürt man noch heute überall, die vielen Sakralbauten und Bürgerhäuser zeugen davon. Die Turmhelme wurden erst vor rund hundert Jahren dem Dom aufgesetzt.

## HALBERSTADT / HARZ

Halberstadt is the site of the first bishopric on the territory of present-day Saxony-Anhalt, founded in Carolingian times. The early-Gothic cathedral is unique and saves the world-famous cathedral treasure with reliquaries, liturgical garments. The bishops resided in Halberstadt for more than 800 years. This brought prestige and prosperity to the town. Numerous sacred buildings and town houses attest to that, and this prestige and prosperity can still be sensed everywhere today. The Helmets of the church were added only about one hundred years ago.

## HALBERSTADT / HARZ

À Halberstadt fut créé dès l'époque carolingienne le premier évêché sur le sol de l'actuelle Saxe-Anhalt. La cathédrale gothique, ainsi que le trésor de la cathédrale de renommée internationale avec des reliques, des habits liturgiques, est unique. Les flèches des tours ne datent que d'environ 100 ans. Les évêques résidèrent à Halberstadt pendant plus de 800 ans, ce qui apporta à la ville prestige et prospérité ainsi qu'en témoignent les nombreuses églises et maisons patriciennes.

Esico von Ballenstedt, der Stammvater der Askanier, gründete auf dem Schlossberg einen Kollegiatstift, welcher später unter Albrecht dem Bären zum Benediktinerkloster wurde. Nach der Säkularisierung entstand im 17. Jahrhundert auf den Resten der Klosteranlage das eindrucksvolle Schloss mit einem kulturellen Highlight für die damalige Zeit, einem Schlosstheater. Peter Joseph Lenné 1858 inszenierte den Schlosspark als Gartentraum mit zauberhaften Arrangements. Noch heute pflegt man das Erbe der Vorfahren sorgfältig, woraus sich eine Freude an der Kultur entwickelt hat.

Esico von Ballenstedt, patriarch of the Ascanian dynasty, founded a collegiate chapter on castle hill. Later, under the Ascanian Duke Albrecht the Bear, the foundation was converted to a Benedictine monastery, which was secularized in the 16th century. In the 17th century, the Ascanians built an imposing palace on the remains of the site. The palace even housed a theatre, a cultural highlight of its time. In 1858 Peter Joseph Lenné laid out the enchanting gardens in the grounds. The palace maintains the cultural traditions of its ancestral owners to this day.

Le comte Esico de Ballenstedt, père de la dynastie d'Ascanie, fonda une collégiale qui devint un monastère de bénédictins sous Albert l'Ours (vers 1100-1170). Après la sécularisation, un château de style baroque fut construit au XVIIe siècle sur les vestiges du monastère. Le théâtre du château témoigne de l'intense activité culturelle à la cour à cette époque. En 1858, l'architecte-paysagiste Peter Joseph Lenné aménagea les remarquables jardins et le parc dans lequel on peut admirer aujourd'hui diverses sculptures d'art moderne.

Aschersleben, die älteste Stadt Sachsen-Anhalts, kann sich heute noch mit einer umfangreichen Stadtbefestigung rühmen. Viele Wehr- und Wachtürme sind noch gut erhalten. Im Mittelpunkt des Ortes erhebt sich die aus gelbem und grauem Sandstein erbaute gotische Stephanikirche. Nach hundert Jahren Bauphase konnte die Kirche 1506 vollendet werden. Hier befand sich auch die Stammburg Albrechts des Bären, des bedeutenden askanischen Grafen. Als Sitz der Askanier und Hauptstadt des Schwabengaus nahm Aschersleben eine wichtige geschichtliche Rolle ein.

Considerable sections of the town walls of Aschersleben, the oldest town in Saxony-Anhalt, have survived to this day, and many of its defensive towers and watchtowers are extremely well-preserved. The town centre is dominated by the Gothic church of St Stephen, built of grey and yellow sandstone. Completed in 1506, it took a century to build. Albrecht the Bear, the famed Askanian count, made the former castle into his chief residence. Aschersleben is historically significant as the seat of the Askanian dynasty and capital of the Schwabengau region.

Aschersleben, la plus vieille ville de Saxe-Anhalt, possède toujours une grande partie de son enceinte médiévale constituée de murs et tours de guet bien conservés. Au cœur de la localité se dresse la Stephanikirche de style gothique. La construction de l'église, bâtie en grès jaune et gris, dura 100 ans et s'acheva en 1506. C'est ici que se trouvait le château du comte Albert l'Ours (XIe siècle) avec lequel commença l'ascension de la dynastie des Ascaniens. Aschersleben a notamment sa place dans l'histoire comme berceau de cette maison princière qui régna jusqu'en 1918.

Erst 1808 wurden verschiedene Siedlungskerne zur Stadt Eisleben vereinigt. Im 15. und 16. Jahrhundert befand sich hier der Mittelpunkt des Kupferschieferbergbaus im Mansfelder Land. Davon zeugen noch hohe Abraumhalden in der Landschaft. Wohlhabend geworden, baute man drei Kirchen, das Rathaus und auch viele Bürgerhäuser. Ein jäher Niedergang waren die anhaltenden Folgen des Dreißigjährigen Krieges, welche erst durch technische Neuerungen des Industriezeitalters nach 1850 überwunden werden konnten und die Stadt wieder erblühen ließ.

The town of Eisleben was formed out of several separate settlements in 1808. This was the centre of the copper shale mining industry around Mansfeld in the 15th and 16th centuries. The landscape is still marked by waste tips from that period. Three churches were built, the town hall and a good number of burgher houses. The Thirty Years War destroyed trade and growth. On-going, steep decline was the result, a process halted only by technical innovations after 1850.

C'est seulement en 1808 que différents villages furent réunis pour former la ville de Eisleben. À cet endroit se trouvait au XVe et au XVIe siècle le centre des mines de cuivre et d'ardoise de la région de Mansfeld. On construisit trois églises, l'hôtel de ville ainsi que de nombreuses maisons bourgeoises. La guerre de Trente Ans ruina les affaires. La conséquence durable fut un déclin tenace, stoppé seulement en 1850 par les innovations techniques, dont un paysage de hauts terrils témoigne encore aujourd'hui.

Schon Ende des 9. Jahrhundert gab es das Dorf „Sangerhus", spätere Grenzstadt der Wettiner Markgrafen. Die Ulrichskirche ist eine Stiftung Ludwigs des Springers, der sich aus seinem Gefängnis auf Burg Giebichenstein mit einem kühnen Sprung in die Saale rettete. Die Rosen- und Bergbaustadt hat mit ihrer über tausendjährigen Vergangenheit viel an Kultur und Geschichte zu bieten, dazu gehören das Spengler-Museum mit vielen interessanten Exponaten, sowie das Schaubergwerk „Röhrigschacht" und die vielen schönen Renaissance- und Patrizierhäuser im Ort.

A village named Sangerhus is known to have existed here at the end of the 9th century. Later it became a border town of the Margraves of Wettin. The church of St Ulrich was a foundation of Ludwig der Springer, who escaped from his prison in Giebichenstein by springing boldly into the River Saale. This mining and rose town looks back on a thousand years of history and has much to offer visitors culturally. Among the sights are the fascinating Spengler Museum of local history, the Röhrigschacht copper mine and the many fine Renaissance and patricians' houses.

Mentionné dès la fin du IXe siècle, le village alors appelé «Sangerhus » devint plus tard un bourg frontalier du margraviat gouverné par les Wettin. L'église paroissiale de la « cité des roses » est un don de Louis le Sauteur qui s'échappa du château de Giebichenstein où il était emprisonné grâce à un saut téméraire dans la rivière Saale. La ville qui assit sa prospérité sur l'exploitation minière a un passé de plus de 1000 ans. Elle abrite divers édifices culturels dont le musée Spengler, l'ancienne mine « Röhrigschach » ouverte au public, ainsi que de nombreuses maisons patriciennes dont plusieurs datent de l'époque de la Renaissance.

In über 100 Jahren wurde in Sangerhausen eine einzigartige Rosensammlung zusammengestellt. Mit 8300 verschiedenen Rosensorten ist sie heute die größte Rosensammlung der Welt. Schnuppern, staunen, genießen mit allen Sinnen. Natürlich gibt es nicht nur die weltbekannten Rosenarten, wie Queen Elizabeth, Gloria Dei, Gallica Versicolor, sondern auch ganz besondere Arten, wie die Nigrette, die dunkelste Rose der Welt auch schwarze Rose genannt, oder die grüne Rose – Viridiflora, eine außergewöhnliche Seltenheit. Bei eine Rosenmenü kann man die Rosen sogar schmecken.

During a period of over a century, a unique collection of roses has been assembled in Sangerhausen. With over 8300 varieties, it is now the largest rose collection in the world. Scent the air, marvel at the sight and enjoy it with all your senses. Of course there are not only world-famous types of rose here such as Queen Elizabeth, Gloria Dei and Gallica Versicolor, but also unusual varieties like Nigrette, the world's darkest rose, sometimes called the Black Rose, and the extremely rare Viridiflora, a green rose. You can even sample rose dishes from a rose menu.

Pendant plus de 100 ans, une collection unique de roses fut rassemblée à Sangerhausen : quelque 8300 variétés fleurissent aujourd'hui dans la plus grande roseraie du monde. On n'y admire pas seulement les variétés mondialement connues telles que Queen Elizabeth, Gloria Dei, Gallica Versicolor, mais aussi des roses uniques comme la Nigrette, qui doit son nom à ses pétales d'un rouge très foncé, et est aussi appelée « rose noire », ou encore la Viridiflora, une rose verte, véritable rareté. Une visite de la roseraie est un enchantement pour tous les sens. On peu même y déguster un menu à la rose.

Ein Abbild der feudalen Ständeordnung ist bestens im Stadtbild des vielbesuchten Stolbergs zu entdecken: Zunächst auf felsigem Berg das Schloss der Fürsten zu Stolberg-Stolberg (erstmals 1210 genannt), das vom 16. bis 19. Jahrhundert um- und neugebaut wurde – darunter die spätgotische Martinikirche, noch weiter unten im Kreuzungspunkt von vier besiedelten Tälern das Rathaus am Markt. Reizvoll sind die malerischen Straßenzüge und Gassen, durchweg mit Fachwerkbauten aus dem 17. und 18. Jahrhundert.

The popular town of Stolberg is the very picture of a feudal estate system: At the top on the rocky hill stands the castle of the Prince of Stolberg-Stolberg (first recorded mention 1210), altered and rebuilt between the $16^{th}$ and $19^{th}$ centuries. Beneath it the late Gothic Martinikirche, then below that the town hall and market square at the intersection of four valley settlements. The picturesque streets and alleyways are lined throughout by attractive timbered buildings from the $17^{th}$ and $18^{th}$ centuries.

Stolberg, une ville qui reçoit beaucoup de visiteurs, reflète la division de la société féodale : tout d'abord sur le flanc de la montagne, le château des princes de Stolberg-Stolberg (mentionné pour la première fois en 1210), aménagé et reconstruit entre le $XVI^{e}$ et le $XIX^{e}$ siècle. Plus bas, l'église en gothique tardif « Martinikirche » et au carrefour de quatre vallées peuplées, l'hôtel de ville sur l'étroite place du Marché. Les rues et les ruelles pittoresques sont pleines de charme, entièrement bordées de constructions à colombages datant des $XVII^{e}$ et $XVIII^{e}$ siècles.

Ein Bilderbuchstädtchen ist Stolberg, an steile Hänge in enge Täler gebaut, eine der ältesten Siedlungen im Südharz und vermutlich um das Jahr 1000 als Bergmannssiedlung gegründet. Das Renaissanceschloss war zuvor eine mittelalterliche Burg. – Burg Falkenstein, eine der schönsten und besterhaltenen Burgen des Harzes, ist im 12. Jahrhundert entstanden und versteckt sich hinter den Bäumen über dem Tal der Selke bei Ballenstedt. Man kann sie schon seit 100 Jahren besichtigen.

Stolberg is a picture book town, built in narrow valleys and on steep slopes. It is one of the oldest settlements in the southern Harz, and was presumably founded by miners in 1000. The renaissance palace used to be a medieval castle. – Castle Falkenstein is one of the most beautiful and best-kept castles in the Harz, was built between the 12th century and hides behind the trees above the valley of the Selke near Ballenstedt. It has been open for visitors for one hundred years.

Construite sur les versants abrupts d'étroites vallées, Stolberg est une petite ville pittoresque et une des plus anciennes cités du sud du Harz, probablement fondée vers l'an mille par des mineurs. Le château Renaissance était auparavant un château médiéval. — Caché derrière des arbres, Falkenstein qui domine la vallée de la Selke près de Ballenstedt, est un des châteaux les mieux conservés du Harz. L'édifice remarquable fut construit entre les XIIe et XVIe siècles. Il était déjà ouvert au public en 1900.